PALADARES PACÍFICOS
COZINHA EQUILÍBRIO

Mónica Chan
Minnie Freudenthal
Inês Gonçalves

PALADARES PACÍFICOS
COZINHA EQUILÍBRIO

ALMEDINA

PALADARES PACÍFICOS
COZINHA EQUILÍBRIO

TEXTO
Mónica Chan
Minnie Freudenthal

FOTOGRAFIA
Inês Gonçalves

DESIGN GRÁFICO
FBA.

IMPRESSÃO E ACABAMENTO
Gráfica de Coimbra

EDIÇÃO
Almedina
Arco de Almedina, 15
3004-509 Coimbra

DEPÓSITO LEGAL: 219359/04
ISBN: 972-40-2402-4

ÍNDICE

Introdução	11
Equilíbrio alimentar	17
Refeições, calorias e medidas	22
Métodos de cozedura	23

GLOSSÁRIO 25

ENTRADAS 33

Salada de espinafres e *vermicelli fansi*	34
Salada de nabo	35
Salada de tofu com alga	36
Ném – Croquetes vietnamitas	38
Salada de aipo com *tofu* meio seco	41

SOPAS 43

Sopa de alga roxa	46
Sopa de couve chinesa com cogumelos *shitake*	47
Sopa favorita do jogador	48
Sopa de milho com leite de soja	50
Sopa de *tofu* multicor	51
Sopa de peixe com papaia	52

PEIXES E MARISCOS 55

Lulas com funcho	58
Linguado a vapor	59
Raia no forno com molho de feijão preto salgado	60
Choco a vapor com ameixas *umeboshi*	62
Camarões com ervilhas tortas e pinhões	63
Camarões a vapor com alho	64

AVES 67

Frango a vapor com orelhas de nuven	71
Peito de frango com coral e jade	72
Frango fumado ao café	74

Pato guisado com castanhas e cascas de tangerina	75
Pato Imperial com chá	76

CARNES 79

Carne a vapor com castanhas de água	83
Carne de porco a vapor com bacalhau e azeitonas	84
Entrecosto ao mel grelhado	86
Carne de vaca com feijão preto salgado	87
Carne de vaca com manga	88

TOFU E OVOS 91

Tofu recheado com choco picado	94
Tofu a vapor com brócolos	96
Tofu Mapo – com ou sem carne	97
Tofu com tomate e pinhões	98
Tofu com alho francês e míscaros	100
Ovos com feijão verde	101
Ovos a vapor com *vermicelli fansi*	102
Ovos com rebentos de soja e alga *wakame*	104

MASSAS E ARROZ 107

Arroz branco	110
Massa de arroz à Singapura	111
Arroz chao chao com gengibre	112
Papas de arroz – *congee*	114
Massa com 2 molhos de soja	116
Massa com molho de sésamo, *tofu* e canónigos	117
Massa "2 lados amarelos"	118

LEGUMES 121

Agriões *chao chao*	125
Abóbora no *wok*	126
Aipo, cenoura e caju chao chao	127
Beringela já está	128
Brócolos já está	129

Ervilhas tortas *chao chao* com orelhas de nuvem	130
Feijões verdes *chao chao*	131
Courgette com milho e míscaros *chao chao*	132
Couve com cogumelos chineses e *vermicelli fansi*	134

SOBREMESAS — 137

Abóbora com leite de coco	140
Arroz glutinoso preto ao leite de coco	142
Arroz glutinoso branco com coco e banana	144
Chá doce com gengibre e frutas secas	145
Creme de castanhas com fios de chocolate	146
Batata doce com xarope de gengibre e rosas	147
Salada de laranja com gengibre e vinho tinto	148
Sopa doce de soja com tapioca	149
Sopa doce de amêndoa	150

SUGESTÕES DE INFUSÕES — 152

INTRODUÇÃO

MÓNICA CHAN

Durante anos, nos diversos países europeus onde vivi, habituei-me a cozinhar com os ingredientes e os recipientes que ia conseguindo arranjar, mantendo-me mais ou menos fiel aos métodos chineses básicos, tais como a cozinha a vapor ou o chao chao. Mas, como faltavam muitos produtos, havia muito lugar para improvisações. E, à medida que fui conhecendo melhor os ingredientes e os hábitos culinários dos países onde me encontrava, ia-me sentindo mais à vontade para experimentar: buscando inspirações locais aqui e ali e, às vezes até, a uma terceira tradição. Foi assim que nasceram certos pratos de fusão – como a carne de porco picada com bacalhau a vapor ou o tofu com tomates e pinhões. No curso do tempo fui também conhecendo outras pessoas gulosas, fui aprendendo receitas que já tinham passado por muitas mãos – raramente cheguei a saber a fonte original. É o caso do frango fumado ao café, cuja receita me foi dada, na Bélgica, por uma amiga chinesa.

Em suma, este livro é uma acumulação de memórias e vivências; certos pratos faziam parte da minha infância mais íntima, outros são resultado de encontros acidentais, outros ainda de experiências lúdicas ou da simples adaptação pragmática. Certos são de invenção minha; outros, da mais variada e anónima autoria. São receitas basicamente chinesas com influências de origens diversas: japonesas, vietnamitas, tailandesas, etc., com os ingredientes que se encontram cá na Europa. São pratos caseiros escolhidos a partir de 3 critérios: serem simples, saborosos e saudáveis.

Como a comida partilhada sabe sempre melhor, quero partilhar estas receitas com outras pessoas que também gostam de cozinhar, de brincar e de comer como eu.

MINNIE FREUDENTHAL

De partida para a escola, os pequenos almoços eram sumptuosos – leitinho, ovos ou linguiça, torradinha para empurrar com um reforço de manteiga e a cor de um qualquer doce. Assim nos preparavam os dias que se esticavam longos e cheios de actividades. Com a ajuda de um provável bolo a meio da manhã, aguentavam-nos até ao almoço. Nos recreios, aulas de ginástica e ballet, os saltos e correrias consumiam alegremente as calorias do que então se pensava ser uma alimentação adequada.

Lá em casa, onde éramos cinco irmãos sempre com muitos convidados, o empadão, a massa com carne guisada, as feijoadas ricas com enchidos, o indispensável cozido à Portuguesa, sucediam-se. Nos jantares mais requintados surgiam as tradições de cozinha alemã, herdadas da família do Pai, com os deliciosos fritos de batata acompanhados de açúcar ou doce de morango.

"Como não engordar, como não engordar?" Na minha ignorância, tentava com muito desporto cortar alguns dos alimentos.

Quando, no final dos anos 70, acabei o curso de Medicina, fui mandada lá para o norte da Serra da Estrela fazer o estágio de Saúde Pública. Fui viver para Infias, uma aldeia despegada de Fornos de Algodres – onde a lareira virou fogão e os requeijões frescos me encheram a cara de bochechas.

Nesse momento, sentindo que estava na fronteira de desequilibrio com o peso, decidi cortar as massas!

A pós-graduação levou-me a Nova Iorque, e a pequena reserva de peso que levava, desapareceu logo na primeira semana de trabalho no hospital. Fora as horríveis refeições hospitalares, o que se comia em casa era o que transportávamos nas nossas memórias: bifes, batatas, saladas, tartes, e até mesmo uns croquetes e bacalhau no forno. Mas escasseava o tempo. A duração excessiva da preparação de alguns dos nossos pratos favoritos tornou-se óbvia.

Quando, no início dos anos noventa, voltei para Lisboa conheci a Yuan – a excelente professora do primeiro curso de Chinês na Missão de Macau. Tornou-se uma amiga. Era divertido vê-la funcionar: chegava a casa, entrava na cozinha e daqui a nada já estava! Os ingredientes eram exóticos, bonitos e com paladares variadíssimos. Comprei um wok, uns livros de cozinha e toca a imitá-la. O wok tem a vantagem de ser rápido, pode usar-se pouco óleo, pode servir para cozer a vapor e dá-se bem com especiarias de todo o mundo.

Foi então que comecei a interessar-me, não só pela confecção, mas também pelos aspectos nutritivos do que comia. Finalmente, aprendi que não era a massa que me engordava mas os requeijões gordos de Infías, os bifes com batatas fritas e as sobremesas cheias de ovos e açúcares.

O empreendimento de escrever este livro nasceu, não só da minha curiosidade sobre nutrição, mas essencialmente da possibilidade de poder observar e aprender com a bem sucedida eficiência culinária da Mónica.

EQUILÍBRIO ALIMENTAR É muito importante compreender como é que podemos comer de tudo! ... sem que isso se torne uma sobrecarga para o nosso corpo. Todos os alimentos devem ter lugar na nossa alimentação, mas a quantidade e regularidade com que os podemos comer é muito diferente.

Existem alguns aspectos fundamentais na nossa alimentação: *a continuidade da oferta, a variedade e a individualização* do regime alimentar ao tipo de vida e fisiologia de cada um de nós. A estes aspectos junto ainda o *prazer de comer e o movimento* sem o qual há muito menos necessidade de nos alimentarmos.

A *continuidade* de oferta da nossa alimentação é-nos garantida pela organização da sociedade. Nos últimos 50 anos, assistimos a grandes modificações no fornecimento alimentar. Por vezes, quando vou ao supermercado, ponho-me a olhar para aqueles alimentos todos embalados, luzidios, do mesmo tamanho e cor... Deixo-me viajar para outros tempos em que tínhamos que caçar, cavar, guardar para o ano inteiro. Certamente que a modernidade tem vantagens, mas como consumidores devemos exigir sempre melhorias na produção dos alimentos, na segurança da utilização de químicos e na variedade de oferta.

Para além disso, é necessário perceber que nem sempre comemos como agora. Em geral, a nossa alimentação "moderna" é muito rica em gorduras e açúcares e nós que a comemos, somos muito mais sedentários do que os nossos antepassados. O resultado tem sido um acumular de excedente em forma de gordura pelo nosso corpo e um metabolismo com altos níveis de insulina. Estes são os primeiros passos para um grande número de doenças do adulto.

E porquê variedade?

Existe uma enorme variedade de componentes nos alimentos que necessitamos para manter a nossa saúde durante mais tempo. Estes componentes podem ser macronutrientes (como as gorduras, hidrato de carbono, proteína, fibra e água) ou micronutrientes (vitaminas e minerais). Estes, incluem químicos coloridos de plantas e animais: os chamados fito – ou zoo – químicos. A nossa alimentação deve traduzir na sua variedade a complexidade desta composição. Por isso, recomendo sempre que, em questões de saúde, se deve sempre procurar pelo menos três sabores, três texturas e três cores.

Cada alimento é um "pacote" nutritivo e só agora começamos a entender as complicadas interacções químicas entre os alimentos. No Oriente, os alimentos têm uma complexa classificação e, durante períodos de doença, recorre-se a regimes alimentares muito específicos.

As frutas e vegetais mais coloridos são geralmente os mais ricos em nutrientes. Quanto mais luz uma planta recebe, mais fotosíntese faz, mais açúcar produz para ser convertido em vitamina C. Para lidar com tanta luz, a planta necessita de muitos fitoquímicos que lhe dão cor forte, alguns deles são convertidos em vitamina A no nosso corpo. Muitos destes fitoquímicos são antioxidantes e ajudam-nos a reduzir o risco de cancro. E as cores tornam os alimentos bonitos e apetitosos. Mas os alimentos de cor branca também têm as suas vantagens.

Alguns exemplos simples e práticos: o branco do iogurte, tofu ou couve e o verde dos vegetais fornece cálcio e magnésio; o laranja e vermelho dão-se bem com o verde e ajudam a vitamina C a ser absorvida com o ferro. Mais cor na nossa alimentação, quer dizer mais vegetais e fruta, o que é geralmente muito bom para todos nós. Se considerarmos a palma da nossa mão como uma medida, deveríamos comer diariamente 5 medidas de vegetais e 2 a 3 de fruta.

O peixe e a carne têm lugar na nossa alimentação. Mas a natureza oferece uma enorme variedade de fontes de proteína menos ricas em gordura e com outras qualidades nutritivas. Historicamente sabemos que a espécie humana é essencialmente robusta. Sobreviveu a muitas fomes e guerras e foi desenhada para comer mais ou menos tudo o que nos rodeia. Sabemos também que se pode viver uma vida longa e saudável sem comer carne de porco ou vaca, ou mesmo qualquer outra carne.Mas também a Europa viveu muitos anos antes da chegada dos produtos do Novo Mundo, como o chocolate, tomate, cana-de-açúcar, batatas, tabaco e chillies.

Os Chineses tradicionalmente não comem saladas cruas. Outros não bebem leite depois da infância...

A ciência da alimentação é um assunto complicado e as relações entre dieta e saúde ainda são frequentemente hipóteses. Mas, todos sabemos que melhorando a nossa alimentação aumentamos as probabilidades de saúde. Nenhuma dieta pode garantir a ausência de cancro, ou de todas as doenças do coração, a maior parte das doenças têm origem em muitos factores e seria imprudente pensar que um só factor mudaria tudo.

...individualização à nossa fisiologia

Em termos gerais, toda a nossa fisiologia alimentar baseia-se numa forte economia de reserva. Devido a milhares de anos de "descontinuidade" da oferta alimentar, causada não só por guerras, como catástrofes naturais e métodos de agricultura rudimentares, o nosso organismo optimizou mecanismos de reserva e de sobrevivência para compensar as enormes faltas a que poderia estar sujeito. Na ver-

dade, o nosso corpo funciona melhor com menos do que demais! Actualmente, no mundo Ocidental, vivemos a situação oposta, a de excesso de oferta. O nosso impulso natural para comer, e o prazer inerente a esta actividade, levam-nos frequentemente a criar excesso de reservas pouco úteis ao ambiente em que vivemos. Este excesso de reservas faz-se sob forma de gordura, não só por baixo da nossa pele, mas também à volta de todas as células do nosso corpo. Esta gordura, contudo, funciona como stress físico e químico para as nossas células.

Mais do que nunca na história da humanidade, o mundo Ocidental oferece ao indivíduo mais escolhas na sua maneira de viver. Estas escolhas são influenciadas por "pulsões" genéticas individuais (por exemplo, alguns de nós são mais inclinados ao movimento que outros) e pelo ambiente sociocultural em que vivemos. Alguns de nós optam por fazer exercício todos os dias no ginásio, num salão de dança, ou a correr com as crianças; outros gostam mais de se sentar a ler, ouvir música ou mesmo a só ver televisão. Uns herdaram genes muito eficientes em criar reservas, outros já têm genes mais modernos, mais "desperdiçadores". Outros, se repararem por exemplo na praia, levantam-se todo o tempo, gesticulam animadamente enquanto falam, têm o "bicho-carpinteiro"; outros, mais calmos, ficam deitados enquanto as crianças saltam e pulam. Mas, como colectivo, com a mudança de ambiente, os seres humanos vão-se apercebendo do que lhes faz mal ou bem e, por isso, estamos actualmente a viver um período de procura de hábitos mais ajustados à nossa "condição humana" actual, onde vivemos num ambiente moderno no qual existe abundância alimentar e toda uma organização social para a qual o movimento não é essencial. O nosso "bem-estar" está interligado à alimentação e ao movimento corporal. Este corpo foi desenhado para se mexer. Vive melhor mexendo-se! E, sobretudo, aguenta muito melhor o stress se houver movimento.

A química do stress está intimamente ligada ao componente do movimento. Para os nossos antepassados, stress queria normalmente dizer acção física: fugir, lutar... Hoje, temos que ser civilizados e não gastarmos em explosões de esforço físico, a química do stress que despeja toda aquela "gasolina" extra no nosso sangue!

Cada um de nós tem um certo ritmo metabólico. A alimentação que lhe é útil deve ajudá-lo a manter um peso normal para um corpo activo com musculatura apropriada. Todas as outras funções físicas, desde a cardíaca à mental, são favorecidas por este equilíbrio.

Como fazer isto?

É uma pergunta para a qual felizmente existem imensas respostas. Pode-se comer de muitas maneiras e mexer de tantas mais.

REGRAS GERAIS

COMA AS CORES DE ARCO-ÍRIS!
EXPERIMENTE E EXPLORE NOVIDADES!
FAÇA EXERCÍCIO OU TORNE OS SEUS MOVIMENTOS DIÁRIOS EM EXERCÍCIO!
TENHA PRAZER!
NÃO FAÇA "DIETAS"! ENCONTRE UM REGIME ALIMENTAR QUE CORRESPONDA AO SEU EQUILÍBRIO FÍSICO!
NÃO COMA DEMAIS!

ASPECTOS PRÁTICOS

CORES: existem diferentes tipos de alimentos de cada cor. Se embirra com um, escolha outro; mude a maneira de cozinhar o alimento com o qual embirrava. Surpreenda-se a saborear o que pensava não gostar. O paladar é uma viagem sensorial – as cores ajudam. Quando vai às compras imagine as cores do seu jantar: junte-lhe ervas frescas e salpique de sementes variadas!

Quando nos sentimos adoentados, porém, faz-nos bem um menu menos colorido.

EXPERIMENTE E EXPLORE: esta é a razão de existência deste livro. É bom explorar técnicas e sabores novos com algum saber. Para quem não é familiar com certas técnicas, a primeira tentativa pode ser frustrante e suficiente para fechar uma porta de prazeres gastronómicos.

A culinária Oriental fascina pela sua rapidez, sabor e equilíbrio nutritivo. Certamente que toda a culinária necessita de planificação. Há etapas que se podem e devem fazer com antecedência, não só para que os alimentos ganhem sabor, mas também para que a finalização da refeição se faça rapidamente, como que por magia.

Não se assuste com os ingredientes, são fáceis de comprar e ainda mais fáceis de guardar. Uma vez familiarizado com o novo sabor, torna-se simples orquestrar variações, usar os condimentos com imaginação e, assim, recuperar o dia-a-dia da nossa alimentação para o seu lugar lúdico, saudável e simples.

Tanto os ingredientes como as técnicas podem ajustar-se aos nossos gostos mais pessoais.

FAÇA EXERCÍCIO OU TORNE OS SEUS MOVIMENTOS DIÁRIOS EM EXERCÍCIO: o ginásio não é a resposta para todos nós e todos sabemos isso! Por isso não é desculpa não ter tempo para ir ao ginásio.

Já enumerei alguns exemplos mais acima, mas posso juntar uma lista infinita de modalidades, muitas das quais se podem praticar em casa. Saltar à corda, dançar sozinho ou acompanhado, ou mesmo aprender a transformar as actividades diárias em exercícios correctos: espreguiçar-se, carregar compras, levantar bilhas, subir escadas, deixar o carro a alguns quarteirões de casa, usar a cama para exercícios, etc...

A finalidade comum é a de manter os seus músculos activos nas proporções adequadas à estrutura de cada um; manter as articulações móveis; manter um bom grau de elasticidade e, assim, manter a reserva cardiorespiratória. Como resultado, obterá um maior grau de bem-estar psicológico.

TENHA PRAZER! Cozinhar pode juntar muitas actividades numa só. Cozinhar requer movimento, rotina, criatividade, prazer e sociabilidade.

É de desejar que em cada uma das nossas casas esteja na cozinha quem tem prazer com isso.

Divirta-se com as cores, os sabores, a textura dos alimentos. Aprenda a cozinhar os alimentos de maneiras diferentes.

Uma refeição equilibrada deve dar sensação de bem-estar e não de enfartamento.

Nas festas, coma de tudo em pequenas doses.

NÃO FAÇA "DIETAS"! ENCONTRE UM REGIME ALIMENTAR QUE CORRESPONDA AO SEU EQUILÍBRIO FÍSICO! O que deve procurar não é uma dieta, mas sim um hábito de vida agradável, que ajude a manter o seu equilíbrio físico.

Para além da sensação de bem-estar, utilizam-se medidas estatísticas para avaliar a estrutura da pessoa. Os Índice de Massa Corporal (peso/altura ao quadrado), Percentagem de Gordura e cintura, são medidas a ter em conta.

Tudo indica que é mais saudável ter um ligeiro excesso de peso e um corpo activo, do que ser magro e inactivo.

Qualquer que seja o seu gosto culinário, a comida deve ser pouco gorda e variada. Não ganha nada em exceder a quantidade adequada à maioria das pessoas.

A divisão recomendada de macronutrientes é:
15% de proteínas
50-60% de hidrato de carbono complexo
25-30% de gordura

Nas proteínas estão incluídas as fontes de proteína animal (carne, aves, peixe, ovos e produtos lácteos) e as fontes de proteína vegetal (cereais e leguminosas). Uma mulher entre os 19 e 49 anos necessita em média de 45 a 50g de proteína dependendo do grau de actividade física. Ora 200g de peixe ou carne tem em média 50g de proteína! Não precisa de comer muito! Distribua as suas necessidades entre as proteínas animais e vegetais. Ofereça de tudo ao seu corpo.

Os hidratos de carbono complexos incluem os cereais (arroz, trigo, cuscuz, milho, aveia, centeio, etc.) e leguminosas (feijão, lentilhas, grão, soja, etc.).

As gorduras de origem vegetal apesar de serem tão calóricas como as de origem animal, não têm colesterol. Evite cozinhar com gorduras sólidas.

Há mil e um regimes, para mil e um fins.

MINNIE FREUDENTHAL

REFEIÇÕES, MEDIDAS E CALORIAS

Num regime alimentar, a distribuição das calorias ao longo do dia, depende do tipo de vida, do acesso ao tipo de comida de que se gosta, das horas das refeições e certamente da saúde individual de cada um.

A sabedoria com que fazemos esta distribuição deve ter em conta:

compensar refeições muito ricas com outras mais leves;

algum tempo antes de fazer exercício, comer pequenos acepipes nutritivos;

se o jantar se atrasar e o deitar não estiver longe, comer alimentos fáceis de digerir e em quantidade moderada.

MEDIDAS USADAS

chávena = 240ml = 16 colheres de sopa
colher de sopa = 15ml = 3 colheres de chá
colher de chá = 5ml
1 colher de sopa de molho de soja = 1024mg de sal

ABREVIATURAS

chávena = cháv
colher de sopa = csopa
colher de chá = cchá
colher de café = ccafé

Para dar um exemplo de um regime de cerca de 2.000 calorias com cerca de 50g de proteína:

235 CALORIAS

1 laranja ···································· 60 cal
2 torradas de pão integral ···························· 40 cal
1 colher de chá de manteiga ··················· 35 cal

735 CALORIAS

1 tigela de sopa de peixe com papaia ········ 108 cal
Tofu Mapo ······································ 206 cal
Agriões *chao chao* ······················· 166 cal
½ cháv de arroz branco ····················· 120 cal
1 copo de vinho ································· 74 cal
1 cháv de morangos ···························· 50 cal

612 CALORIAS

100g de massa chinesa com molho de soja
e ostra ·· 480 cal
salada de tomate (2) com fio de óleo de sésamo, vinagre, sal, sementes de sésamo ··············· 70 cal
chá doce com com frutas secas ···················· 62 cal

As restantes calorias (400) deverão ser distribuídas ao longo do dia por acepipes saudáveis, tais como, 1 copo de leite de soja (80 cal), 1 iogurte (125 cal), 1 chávena de *All Bran Flakes* (140 cal), 1 fruta (50 cal).

DOIS MÉTODOS DE COZEDURA FÁCEIS E RÁPIDOS

ZHENG – COZER A VAPOR

Maneira asiática de cozinhar, tecnicamente simples e eficiente.

Muitos pensam que só se pode cozinhar a vapor com uma panela especial dupla com um compartimento furado. Na verdade, para o fazer basta ter os seguintes utensílios:

uma qualquer panela grande com tampa,

um recipiente pouco fundo e resistente para ir ao vapor (*Pyrex* ou porcelana servem lindamente, vidro não),

um suporte de metal, bambu ou madeira para pousar o recipiente, também se pode improvisar uma grelha com pauzinhos de madeira ou latas abertas dos dois lados.

É uma forma extremamente rápida de cozinhar, só se demora ½ hora para cozer um frango inteiro. Carne cortada ou peixe, demoram menos de 15 minutos. Outra vantagem imbatível é que o fogão não se suja e não é preciso esfregar panelas encardidas.

CHAO CHAO

Não se trata daquela raça de cães com rugas (tão lindamente feios), mas duma maneira chinesa típica de cozinhar: fritar com pouco óleo a alta temperatura, mexendo. O que é importante é que o lume tem de ser forte e o utensílio bem aquecido antes de levar o óleo – ao passar a mão por cima deve sentir-se o ar quente a subir. E à sua vez, o óleo tem que estar bem aquecido – a deitar fumo – antes de juntar os ingredientes. Não se assustem com o barulho, é bom sinal. Se pegar fogo, nada de excitações e, sobretudo, NÃO DEITAR ÁGUA EM CIMA. BASTA DESLIGAR O LUME E TAPAR COM UMA TAMPA. Para não queimar a comida, é preciso mexer constantemente, donde o termo inglês para esta técnica – *stir-fry*. Se o lume não tiver muita força, faça menos quantidade de cada vez.

O utensílio mais indicado para este método é o famoso *wok* – uma frigideira de ferro ou aço fino com o fundo arredondado (para distribuir melhor o calor) e uma boca grande (para mexer os ingredientes mais à vontade). Os profissionais fazem saltar a comida no *wok* com movimentos bem articulados do punho e braço. Mas quem tiver menos prática pode usar uma espátula metálica para mexer e apanhar a comida (nas lojas chinesas pode comprar-se umas espátulas metálicas especialmente concebidas para o *wok*).

A vantagem deste método é, mais uma vez, a rapidez. Demora, em geral, 5 a 10 minutos para fazer um prato. Aliás, os pratos *chao chao* devem ser feitos logo antes de servir.

* Evite usar *wok* anti-aderente.
Deve secar o *wok* de ferro depois de lavar.

GLOSSÁRIO

AÇÚCAR DE CANA EM BARRAS 片糖 Vem em forma de pequenas barras amarelas, é parecido com a rapadura do Brasil.

AÇÚCAR DE ROCHA 冰糖 Também é açúcar de cana. Vem em forma de pequenas rochas cristalinas de tamanhos desiguais, aliás o nome chinês, quer dizer literalmente açúcar de gelo. Hoje em dia já existe uma versão em pastilhas de tamanho uniforme – menos exótico, mas mais fácil para controlar a quantidade.

AGAR AGAR 大菜 Gelatina vegetal à base de alga, vende-se em molho de tiras grossas ou em saquinhos de pó.

ALGA ROXA 紫菜 Alga de cor roxa. São sobretudo utilizadas na culinária chinesa para fazer sopa.

ARROZ Existem muitas variedades:
O ARROZ DE JASMIM TAILANDÊS 泰國香米
muito apreciado por ser perfumado e gomoso;
O ARROZ GLUTINOSO BRANCO 白糯米
ainda mais rico em goma, muito utilizado para confeccionar doces;
O ARROZ GLUTINOSO PRETO 黑糯米
é um arroz integral escuro por fora e branco por dentro, que fica roxo quando cozido.

BONITO SECO Parece uma banana de madeira preta, ninguém suspeitaria que se trata de lombo de peixe. É consumido raspado, em flocos finíssimos (normalmente já se vende nesta forma). Na culinária japonesa é um ingrediente indispensável para fazer caldo.

CAMARÕES SECOS 蝦米 Pelo facto de estarem desidratados ganharam um gosto mais intenso. Combinam bem com *tofu*, com legumes e até com saladas.

CASCA DE TANGERINA SECA 陳皮 O nome descreve bem do que se trata. À parte o perfume cítrico, é muito bom para a saúde, ajuda a "tirar o calor excessivo do corpo". Por isso, a sabedoria tradicional cantonense afirma que é um dos 3 tesouros da província – os outros dois são o gengibre e a palha!

CASTANHA DE ÁGUA 馬蹄 Crescem na lama do fundo dos lagos e, tal como a flor do lotus, surgem da lama mas mantêm-se impolutos. As castanhas frescas têm uma pele castanho escuro e são muito boas para comer em cru. Infelizmente, em Portugal, só se encontram enlatadas. Não têm a textura farinhenta das castanhas, ou das batatas. Pelo contrário, têm a particularidade de ficar croquantes depois de cozidas.

COGUMELOS CHINESES 冬菇 Conhecidos como *shitake* em japonês. Um cogumelo seco de cor preta, o perfume torna-se mais intenso com a desidratação. Existem em vários tamanhos e grossuras. Precisam sempre de ficar de molho antes de serem utilizados.

CUTELO 大菜刀 Faca de lâmina grande, instrumento versátil que serve ao mesmo tempo para cortar, partir e apanhar ingredientes.

CRISÂNTEMOS 菊花 São pequenas flores de crisântemo secas. Como não contêm teína, faz-se com

elas uma excelente infusão para a noite. Devem servir-se num recipiente transparente (tal como um copo), para ser possível ver as flores flutuando à superfície da água.

ESPECIARIAS IMPERIAIS 鹵水料 Trata-se de uma mistura de muitas coisas boas: entre elas o alcaçuz, a estrela de anis, o cardamomo, a casca de tangerina, o cominho, etc. É um espectáculo ver os empregados das farmácias tradicionais chinesas tirarem cada ingrediente do seu sítio, no meio de centenas de gavetas para fazer a mistura. Junto com molho de soja e açúcar, são um excelente condimento para pratos guisados.

FEIJÃO PRETO SALGADO 豆豉 São feijões de soja (amarela) salgados, ficam pretos depois da conservação. Um óptimo condimento cantonense. Não fiquem desencorajados pela cor escura – pensem na morcela portuguesa, ou na feijoada brasileira, por exemplo.

FOLHA DE ARROZ 米紙 Um produto tailandês e vietnamita. É apresentado sob forma de um disco, ou de um quarto de disco. Muito fino e leve, guarda-se por muito tempo. Só tem de ser rapidamente molhada logo antes da utilização.

FUNGOS "ORELHAS DE NUVEM" 雲耳 Este ingrediente vale tanto pela textura e a presença visual, como pela beleza do nome. É uma planta parasita que cresce no tronco de árvores. Precisam de ficar de molho antes de serem utilizados.

GENGIBRE É um tubérculo de uma planta bonita de folhas grandes. Ingrediente de tempero que vai bem com quase tudo: carnes ou legumes, mas indispensável para os peixes. É conhecido pelo seu poder estimulante. As idosas costumavam pousar fatias na testa quando tinham dor de cabeça, "para expulsar o vento". Também se faz infusão de gengibre para quem tenha bebido um pouco a mais, basta meter algumas fatias em água quente e esperar um pouco.

MASSAS DE TRIGOS Apesar de serem todas feitas de farinha de trigo, ovos e água existem variedades muito diferentes. Infelizmente os nomes traduzidos são muito inadequados. As três variedades referidas neste livro são:

A MASSA DE OVO
diz instant noodle 蛋麵 na embalagem
A MASSA DE ÓLEO
diz dried noodle/nouille 油麵 na embalagem
A MASSA DE LONGEVIDADE
diz Chinese noodle 長壽麵線 na embalagem

MASSA DE ARROZ 米粉 É muito parecida com o *vermicelli fansi,* mas é feita de arroz, tem uma cor esbranquiçada e mais opaca. Existe em várias larguras e é muito popular nos países da Ásia do Sudeste.

MOLHO DE CAMARÃO 蝦醬 É um molho fermentado feito com camarões. Tem um gosto ainda mais pungente que o do molho de peixe, até por isso dá mais sabor à comida... e mais prazer aos viciados. Exige habituação, mas vale muito a pena o esforço. É largamente utilizado, de forma disfarçada, na culinária tailandesa. Os filipinos e os cantonenses também são grandes apreciadores deste molho. Nos tempos dos romanos, fazia-se um molho muito

parecido, a que chamavam *garum*. Encontraram-se na Baixa de Lisboa (actual Edifício BCP) vestígios de adegas onde se fazia este molho. Se mesmo assim não ficarem convencidos, pensem no cheiro forte de alguns dos queijos que os portugueses tanto adoram.

MOLHO DE PEIXE 魚露 É o equivalente do molho de soja, mas feito com peixe. Muito utilizado nos países da Ásia do Sudeste e nas zonas costeiras da China, dá um sabor de mar à comida. Algumas pessoas ficam mal impressionadas inicialmente, mas vale bem a pena persistir. Uma coisa é certa: sabe muito melhor do que cheira. Comecem com quantidades pequenas, aumentando a dose com o tempo... até ficarem viciados, asseguro. Os inconvertíveis podem sempre substituí-lo por molho de soja, mas perde-se na troca.

MOLHO DE SÉSAMO 麻醬 Pasta de sementes de sésamo torrados e moídos.

MOLHO DE SOJA 豉油 Ingrediente de tempero indispensável na culinária chinesa e japonesa, é um extracto de feijões de soja salgados e fermentados. Existem duas variedades: o *light* e o *dark*, a versão com a indicação "*mushroom*" pertence à segunda categoria. O *light* é o que se usa normalmente para temperar; o *dark*, por ser mais doce e mais grosso, é mais utilizado para pratos de guisados.

MOLHO MAPO 麻婆醬 Molho picante à base de feijão de soja, tempero clássico para *tofu*. A lenda diz que foi uma velhinha com marcas de varíola na cara que inventou esta combinação, daí o nome *mapo*.

NORI 日本紫菜 São folhas de alga torradas, ingrediente indispensável para fazer *suchi*. Sabem a mar e são particularmente ricas em ferro e potassio.

ÓLEO DE SÉSAMO 麻油 É óleo de sementes de sésamo, extremamente perfumado. É muito utilizado para temperar, mas não para fritar.

OVOS DE 100 ANOS 皮蛋 Um outro ingrediente que exige algum espírito explorador para quem o prova pela primeira vez. E, mais uma vez, para quem experimenta, é quase impossível não ser convertido. Normalmente são feitos de ovos de pato conservados inteiros em grandes e lindíssimos jarros de cerâmica enchidos, entre outras coisas, com terra e farelo. Depois deste processo "mágico", ficam sólidos e pretos, pois a clara do ovo adquire a qualidade da geleia. Existe também uma variedade óptima feita com ovos de codornizes.
Este ingrediente (exquis e esquisito) desempenha um papel muito importante no famoso romance de Amy Tan: Os Cem Sentidos Secretos.

SHITAKE Ver Cogumelos chineses.

TAHINI Pasta de sementes de sésamo moídos, ingrediente muito utilizado na culinária do Médio-Oriente.

TIJIKE OU TIZIKI Uma variedade de alga que tem uma textura mais consistente do que a *wakame*, óptima para saladas e pratos chao chao, também é bom para misturar com massas e arroz.

TOFU 豆腐 Se tivesse que escolher o ingrediente mais indispensável à culinária chinesa não

hesitaria em dizer: "a soja" – o feijão amarelo. As maneiras de utilizar e manipular este ingrediente são quase inesgotáveis e o *tofu* é um dos seus derivados mais importantes. É feito com o sumo de soja consolidado por meio de um agente de coagulação. Tem uma textura sedosa e a qualidade de absorver o sabor dos ingredientes que o acompanham. Também se pode fazer *tofu* com sabor integrado, como o *tofu* com sésamo moído, *tofu* de amêndoa, etc.. É uma rica fonte de proteína, fácil de digerir.

TOFU FERMENTADO 腐乳 Vem em forma de pequenos cubos num frasco, com ou sem picante. Muitos chineses usam-no como pickles para acompanhar o *congee* (papas de arroz), ou arroz branco. Também é um excelente ingrediente para tempero. Existe uma variedade vermelha, mais doce, para condimento.

TOFU MEIO-SECO 豆腐乾 Quadradinhos conservados com especiarias de cinco perfumes, têm uma cor acastanhada e uma textura muito mais consistente do que o tofu fresco.

VERMICELLI FANSI 粉絲 Por muito improvável que pareça, é feito de um feijão de soja verde (*moong bean*). Tem o aspecto de um feixe de seda branca. Depois da cozedura fica completamente transparente, talvez seja por isso que lhe foi dado um nome metafórico muito bonito: cabelo de anjo.

UMEBOSHI Nome japonês para ameixas salgadas, também são utilizadas na culinária chinesa.

VINAGRE DE ARROZ Existem variedades de diferentes cores e sabores. Neste livro referimos:
O BRANCO (TRANSPARENTE) 白米醋,
muito suave, óptimo para temperar salada;
O VERMELHO DE ZHEJIANG 大紅浙醋,
tem um sabor mais intenso, muito utilizado para acompanhar massa e ravioli chinês;
O CASTANHO 鎮江香醋,
um pouco parecido com o vinagre balsâmico em cor e sabor um pouco mais doce do que os outros dois.

WAKAME Alga de cor verde. É sobretudo utilizada na culinária japonesa para fazer sopa, mas também é óptima em saladas e omeletes.

WASABI Uma pasta verde feita de rábano verde, indissociável do peixe cru na culinária japonesa. Como a mostarda, faz impacto, sobretudo no nariz.

LEGENDA DAS IMAGENS

PÁGINA 24: *agar agar*; arroz glutinoso preto; camarões secos; castanhas de água; cogumelos chineses (*shitake*); cutelo e facas.

PÁGINA 26: chá de crisântemos; especiarias imperiais; feijão preto salgado; folhas de arroz; gengibre; massa de ovo.

PÁGINA 28: massa da longevidade; massa de arroz; molho de peixe, molhos de soja; molho *Mapo*; óleo de sésamo.

PÁGINA 30: ovos de cem anos; *tofu* fresco e meio seco; *vermicelli fansi*; ameixas *umeboshi*; vinagres; *wasabi*.

ENTRADAS Enquanto o jantar não começa... e os amigos estão a chegar... entretenha-os com saladas, legumes... ideias frescas e leves que não sobrecarreguem o corpo antes do delicioso jantar que preparou.

SALADA DE ESPINAFRES E VERMICELLI FANSI

PARA 4 PESSOAS

500g de espinafres

30g de *vermicelli fansi* (de molho por
± 15 min)

1 csopa de óleo

½ cchá de sementes de sésamo previamente torradas em frigideira sem gordura

um pouco de bonito seco ralado (opcional)

MOLHO

2 csopa de molho de soja

½ cchá de *wasabi* ou mostarda ou 1
cchá de sumo de gengibre (espremido
de gengibre picado)

1 cchá de óleo de sésamo

pimenta a gosto

CALORIAS

500g de espinafres ⋯⋯⋯⋯⋯⋯⋯ 54 cal

30g de *vermicelli* ⋯⋯⋯⋯⋯⋯⋯ 90 cal

1 csopa de óleo ⋯⋯⋯⋯⋯⋯⋯ 120 cal

2 csopa de molho de soja ⋯⋯⋯ 16cal

por pessoa (4) ⋯⋯⋯⋯⋯⋯⋯⋯ 70cal

Ferva 1 litro de água.

Quando levantar fervura, acrescente o óleo e junte os espinafres.

Deixe cozer em lume alto, sem tapar, por 2 minutos.

Tire os espinafres e esprema bem a água com uma pinça de cozinha.

Passe o *vermicelli* nesta água a ferver.

Está pronto quando ficar transparente, é quase instantâneo.

Escoe bem a água.

Espalhe o *vermicelli* num prato e dê-lhe uns cortes com uma tesoura.

Arranje os espinafres, cortados, em cima.

Regue com o molho e espalhe por cima as sementes de sésamo (e o bonito seco).

COMENTÁRIO: os espinafres são muito ricos em vitamina A e ácido fólico. Uma regra simples com os vegetais é a de que, quanto mais escuros em cor, mais ricos são em antioxidantes. Esta entrada é simples e também excelente para um acepipe rápido e saudável.

SALADA DE NABO

PARA 4 PESSOAS

2 nabos
1 cchá de sementes de sésamo
previamente torradas

TEMPERO

½ cchá de sal
2 csopa de vinagre de arroz branco
1 cchá de óleo de sésamo
½ cchá de açúcar
piripiri ou *wasabi* a gosto

CALORIAS

2 csopa de vinagre de aroz ·········	10 cal
1 chá de óleo de sésamo ··············	40 cal
½ cchá de açúcar ··························	15 cal
2 nabos (200g) ···························	46 cal
1 cchá de sementes de sésamo ·····	16 cal
por pessoa (4) ······························	32 cal

Descasque os nabos e corte em meias rodelas finas.
Misture os ingredientes de tempero e junte aos nabos.
Salpique as sementes de sésamo em cima quando servir.
Podemos fazer a mesma receita com pepinos e wakame rehidratada.

COMENTÁRIO: o nabo cru é um alimento fresco e de sabor doce. Rico em vitamina C, também tem ácido fólico. Os nabos muito grandes podem causar gazes, sobretudo se muito cozinhados ou ocos por dentro. O nabo cru é um óptimo acepipe para consumir enquanto cozinhamos. As verduras do nabo são deliciosas salteadas e uma excelente fonte de vitaminas A, B e C, potássio e magnésio e fibra para os intestinos funcionarem.

SALADA DE TOFU COM ALGA

PARA 4 A 6 PESSOAS

1 cubo de *tofu* (± 400g)

± 30g de *vermicelli fansi*

1 csopa de alga *wakame*

(ou *hiziki*, a cozer junto com o *vermicelli*)

½ csopa de camarões secos

1 csopa de óleo

* Um "ovo de 100 anos" cortado aos pequenos cubos, ficava muito bem nesta salada, não é preciso cozer o ovo e a sua cor preta é normal!

TEMPERO

2 csopa de molho de soja

1 cchá de óleo de sésamo

coentros picadinhos

wasabi e piripiri a gosto

CALORIAS

400g de *tofu*	292 cal
alga	30 cal
30g de *vermicelli*	90 cal
½ csopa de camarões secos	30 cal
1 csopa de óleo	120 cal
2 csopa de molho de soja	16 cal
1 cchá de óleo de sésamo	40 cal
1 ovo de 100 anos (opcional)	70 cal
por pessoa (6)	115 cal

Coloque o tofu num tacho, cubra-o com água e ponha a ferver. Quando levantar fervura, desligue e tire o *tofu* da água.

Embrulhe-o num pano limpo e esprema para lhe tirar o máximo de água.

Passe a *wakame* por água morna e retire-a quando ficar aberta, é quase imediato.

Deixe o *vermicelli* na água a ferver até que fique transparente, também é instantâneo.

Escoe bem a água e corte aos bocados com a tesoura.

Coloque o *tofu* desfeito, a *wakame* e o *vermicelli* num recipiente para misturar.

Frite ligeiramente os camarões secos numa colher de sopa de óleo.

Junte ao *tofu* os camarões com o óleo de fritar e os ingredientes de tempero.

Misture bem e coloque, pressionando, a mistura numa tigela untada de tamanho certinho.

Tape com um prato e vire ao contrário.

O *tofu* ficou com uma forma arredondada.

Serve-se morno ou frio.

COMENTÁRIO: Junta-se o *tofu* às algas e temos riqueza proteica e mineral. A maior parte das algas têm uma fibra, a algina, capaz de atrair metais pesados no nosso intestino. Daí a sua fama de desintoxicante. As algas são especialmente ricas em iodo, mas ferver ou estufar reduz o iodo em metade. Comer uma pequena dose de algas por semana, cerca de 25g, ajuda a manter os níveis de iodo no corpo.

NÉM – CROQUETES VIETNAMITAS

RECHEIO NÃO VEGETARIANO
300g de lombo de porco picado (substituível por peito de frango, choco ou miolo de camarão picado)
100g de *vermicelli fansi* (de molho por ± 15 min e cortadinho)
1 cenoura ralada

MISTURE E TEMPERE COM:
½ cchá de gengibre picado
1 csopa de molho de soja
1 csopa de molho de peixe
1 csopa de óleo
½ cchá de óleo de sésamo
½ c sopa de maizena
pimenta a gosto

RECHEIO VEGETARIANO
½ couve lombarda lavada e cortada às tirinhas muito finas
100g de *vermicelli fansi* (de molho por ± 15 min)
± 6 cogumelos chineses (de molho por ± 30 min e cortados às tirinhas)
1 cenoura ralada

SALTEIE E TEMPERE COM:
2 csopa de óleo
1 cchá de gengibre picado.
1 csopa de molho de soja
1 c sopa de molho de peixe
pimenta a gosto.

PARA 10 PESSOAS (20 ROLOS)
40 folhas de arroz secas triangulares (compra-se nas lojas chinesas)
folhas de hortelã frescas
folhas de alface

MOLHO PARA ACOMPANHAR
½ cháv de molho de peixe
½ cháv de sumo de lima
1 cchá de açúcar
malagueta (a gosto) fresco ou em vinagre, cortadinha

EMBRULHAR OS CROQUETES:

1· De cada vez, mergulhe duas folhas de arroz dentro de uma bacia de água morna e retire logo. Deixe repousar as folhas meio sobrepostas num pano de cozinha, a folha de trás colocada mais alto. Prepare 6 a 8 pares de folhas antes de começar a embrulhar, para deixar amolecer os primeiros.

2· Coloque um pedaço de recheio na parte larga de cada triângulo duplo, e enrolam-se de baixo para cima até apanhar a base da folha de baixo.

3· Nesta altura, dobre os lados para dentro e depois enrole para cima até ao fim.

As folhas não devem partir durante o processo e o rolo deve fechar com facilidade, senão tem de deixar as folhas amolecer durante mais tempo.

4· Frite os croquetes assim obtidos até ficarem dourados e coloque-os no papel de cozinha para absorver a gordura.

Sirva quentes, no meio de folhas de alface e raminhos de hortelã (continua).

CALORIAS

300g de lombo de porco	600 cal
100g de *vermicelli*	297 cal
1 cenoura	35 cal
12 folhas de alface	24 cal
folhas de arroz secas	200 cal
1 csopa de óleo	120 cal
½ csopa de maizena	25 cal
sumo de lima ou limão	10 cal
1 csopa de molho de soja	8 cal
1 csopa de molho de peixe	8 cal
½ cchá de óleo de sésamo	20 cal
por pessoa (2 rolos)	134 cal

COMO COMER:

Coloque um croquete numa folha de alface, junte um pouco de molho e 1 ou 2 folhas de hortelã. Embrulhe com a folha de alface e... bom apetite!

* Os croquetes não fritos congelam-se muito bem, não é necessário descongelá-los antes de fritar no futuro.

COMENTÁRIO: este croquete é primo dos famosos crepes chineses, mas com um toque dos exóticos sabores dos mares do Sul. A fritura enriquece este prato em calorias. No entanto, a folha de alface, a hortelã e o molho final dão-lhe a frescura que ajudam a cortar a gordura. É um prato delicioso para um piquenique. Pode improvisar no recheio pondo alho francês, substituindo a carne por vegetais, usando um pouco de coco ralado, etc. Em média, 100g de couve têm apenas 24 calorias, daí a versão vegetariana ser muito mais apropriada para uma refeição leve.

SALADA DE AIPO COM TOFU MEIO SECO

PARA 4 PESSOAS

2 a 3 caules de aipo

4 peças de *tofu* meio seco (ou fumado)

±30g de *vermicelli fans*i (de molho por ± 10 min)

½ cháv de amendoins torrados com sal

coentros picados

TEMPERO

1½ csopa de molho de soja

1 csopa de vinagre de arroz branco

1 cchá de óleo de sésamo

½ colher de chá de açúcar

pimenta ou piripiri a gosto

CALORIAS

200g de aipo	30 cal
4 peças de *tofu* meio seco	150 cal
30g de *vermicelli*	90 cal
30g de amendoins torrado	175 cal
1½ csopa de molho de soja	12 cal
1 csopa de vinagre de arroz	5 cal
1 cchá de óleo de sésamo	40 cal
½ cchá de açúcar	15 cal
por pessoa (4)	129 cal

Passe o *vermicelli* por água a ferver (fica transparente instantaneamente).

Dê uns cortes com uma tesoura e deixe arrefecer.

Tire as fibras aos caules de aipo, partindo-os ou descascando.

Corte transversalmente às lâminas finas.

Corte as peças de *tofu* às tirinhas.

Misture os 3 ingredientes num recipiente sem desfazer o *tofu*.

Tempere com o molho.

Antes de servir, espalhe os amendoins e os coentros em cima.

* Esta salada funciona igualmente bem com folhas de *tofu* frescas.

COMENTÁRIO: o aipo é um vegetal nativo da zona mediterrânica cujas folhas eram usadas com fins medicinais e afrodisíacos. O aipo é muito aromático, bom cru ou cozinhado, e é rico em potássio, vitamina C, ácido fólico e vitamina B6. O sumo de aipo era usado em compressas para ajudar a cicatrização.

SOPAS No Oriente, as sopas e os chás são uma maneira importante de fornecer tónicos ao corpo. Podem ser comidas antes das refeições. Meia hora antes, para que a fome não seja demasiada, como acepipe, ou como refeição completa. A base das sopas orientais é geralmente mais líquida do que as nossas. Estes caldos podem ser preparados com antecedência e guardados no congelador.

Um conselho prático: as sopas neste capítulo são todas de preparação rápida, mas é sempre importante dar algum tempo, uma meia hora, depois da cozedura para os sabores se integrarem.

UMA SOPA PARA JOGADORES

Pei daan, yun sai, yú pin tóng – *com o "tóng" final muito aberto e pronunciado em tom ascendente. Este é o improvável nome da minha sopa preferida! Pei daan (ovos de 100 anos) – yun sai (coentros) – yú pin (fatias de peixe): mistura celestial!*

O principal casino de Macau – o Hotel Lisboa – é um edifício de um kitsch irrepetível; uma espécie de catedral gótica do jogo, onde todo o detalhe arquitectónico tem um significado qualquer. Está em pleno movimento vinte e quatro horas ao dia. Não há períodos mortos. É uma estrutura cilíndrica. No centro, as salas de jogo vão do mais popular, cá em baixo – onde as apostas são baratas; ao mais exclusivo, lá em cima – onde cada aposta chega a valer o equivalente ao preço de um apartamento. Os largos corredores circulares interiores transportam magotes de gente. Em Macau, a prostituição é um negócio como qualquer outro, com as suas regras. Tailandesas num lado, filipinas noutro, russas noutro ainda – homens aqui, mulheres ali. As arcadas comerciais do Hotel Lisboa são território reservado das raparigas chinesas que vêm da China Popular fazer-se à vida; esperando, com sorte, atingir um módico de prosperidade.

O leitor pode pensar que, entre prostitutas e jogadores, o local é sinistro e temível. Mas não. É um espaço corriqueiro da cidade, como qualquer outro, onde toda a gente passa, até porque há muitas coisas que só lá podem ser feitas ou compradas.

Eu vivia sozinho num quarto de hotel ali perto e precisava de comer bem, rápido e barato. O restaurante do andar de baixo, mesmo no centro do edifício, junto às mesas de jogo mais populares, respondia a todas as minhas necessidades e, ainda por cima, era divertido ver aquela multidão de gente a passar nos corredores à minha volta.

Uma noite, estava eu a comer porco assado com arroz branco, um jogador veio sentar-se ao meu lado. As mesas são redondas e é ponto assente que ninguém tem direitos de exclusividade, por isso limitei-me a sorrir-lhe. Pediu a comida dele. Enquanto esperava olhava muito para o meu prato. Quando o serviram, disse à empregada para me servir também da sopa. Apesar de surpreendido não pude recusar. Apontava para o prato e repetia sorridente "Pei daan, yun sai, yú pin tóng". Só me deixou comer depois de eu ter pronunciado o nome de forma que ele achava reconhecível.

Entre o meu Cantonense de cozinha e o Inglês de alfândega dele, fomo-nos entendendo. Uma refeição sem vegetais, só com carne, sem líquidos quentes! Onde é que isso já se viu? Isso não era comida que se comesse, estava a comportar-me como um ocidental ignorante! De futuro, tinha que aprender a pedir aquela sopa, para não ficar doente.

Fosse por essa razão ou porque adorei o que provei nessa noite, fiquei viciado.

JOÃO DE PINA CABRAL

SOPA DE ALGA ROXA

PARA 4 PESSOAS

20g de alga roxa

1 nabo

1 noz de gengibre

molho de peixe (ou de soja) a gosto

coentros picadinhos a gosto

½ cchá de óleo de sésamo

1 ovo (ou cubinhos de *tofu*)

CALORIAS

alga	10 cal
1 nabo (100g)	23 cal
coentros	5 cal
gengibre	5 cal
½ cchá de óleo de sésamo	40 cal
1 csopa de molho de soja	8 cal
1 ovo	70 cal
por pessoa (4)	40 cal

Ponha de molho a alga durante 2 a 3 minutos.

Descasque o nabo em quartos e corte-os em rodelas finas.

Ponha 1 litro de água a ferver com o nabo e o gengibre esmagado.

Deixe ferver uns 3 min antes de juntar a alga.

Deixe ferver mais 1 minuto.

Tempere com molho de peixe ou de soja, e pimenta a gosto.

Bata o ovo e junte à sopa em fervura alta, mexendo.

Desligue o lume.

Junte o óleo de sésamo e os coentros à sopa.

* Para quem prefere um sabor mais rico, em vez do ovo, pode juntar 50g de carne picada ou miolo de berbigão antes de temperar.

COMENTÁRIO: já de si é uma sopa leve, mas se tirar a gema de ovo torna-se perfeita para iniciar uma refeição mais rica. As algas são ricas em cálcio. O sabor a mar e a coentros, faz lembrar a nossa sopa alentejana. O molho de peixe e de soja são os substitutos do sal no Oriente. O molho de peixe tem um sabor mais particular. Habitue-se que vale a pena.

SOPA DE COUVE CHINESA COM COGUMELOS SHITAKE

PARA 4 A 5 PESSOAS

¼ de couve chinesa

½ dúzia de cogumelos *shitake* (de molho pelo menos ½ hora)

± 50g de *vermicelli fansi* (de molho ± 15 min.)

uma noz de gengibre

molho de peixe a gosto

molho de soja a gosto

1 cchá de óleo de sésamo

CALORIAS

¼ couve chinesa	40cal
6 cogumelos *shitake*	20 cal
50g de *vermicelli*	150 cal
gengibre	5 cal
1 cchá de molho de peixe	3 cal
1 cchá de molho de soja	3 cal
½ cchá de óleo de sésamo	40 cal
por pessoa (5)	53 cal

Ferva 1 litro de água com o gengibre.

Corte os cogumelos às tirinhas e junte à água.

Corte a couve lavada às tirinhas e junte ao caldo.

Acrescente o *vermicelli* previamente cortado com uma tesoura.

Deixe ferver por 10 minutos.

Tempere com os molhos de peixe e de soja, e pimenta a gosto.

Antes de servir, junte uma colher de chá de óleo de sésamo.

Sugestão: Pode-se juntar cubinhos de *tofu* antes de temperar, ou fazer um consomé só com os cogumelos *shitake*, o *tofu* e o *vermicelli*.

COMENTÁRIO: ao contrário das nossas sopas mais cremosas e muito cozinhadas, o Oriente é rico em sopas muito leves, com menos tempo de fervura, o que não destrói as vitaminas dos vegetais. Para além disso tendem a ser sopas de baixo valor calórico, boas para começar uma refeição mais rica. Segundo estudos recentes, se comer a sopa 30 minutos antes das refeições, o apetite diminui.

SOPA FAVORITA DO JOGADOR

PARA 4 A 5 PESSOAS

200g de filete de peixe (p. ex., carapau, dourada, cação, pargo, etc.)

1 ou 2 ovo(s) "de 100 anos" (ver Glossário)

1 noz de gengibre

1 csopa de óleo

molho de peixe (ou de soja) a gosto

coentros picados a gosto

umas gotas de óleo de sésamo

CALORIAS

200g de peixe	± 200 cal
1 ovo	70 cal
1 csopa de óleo	120 cal
gengibre	5 cal
1 csopa de molho de soja/ peixe	8 cal
molho de peixe	8 cal
coentros	15 cal
total por pessoa (5)	82 cal

Corte o filete de peixe em fatias finas.

Ponha 1 litro de água a ferver com o gengibre.

Descasque o(s) ovo(s), corte aos pedacinhos e junte à água.

Deixe ferver uns 2 minutos.

Entretanto, aqueça o óleo numa frigideira.

Passe o peixe rapidamente neste óleo quente (± 1 minuto).

Junte ao caldo em alta fervura e desligue.

Tempere com o molho de peixe (ou de soja).

Junte os coentros à sopa e desligue o lume.

Acrescente umas gotas de óleo de sésamo e pimenta antes de servir.

COMENTÁRIO: esta sopa tem ingredientes que nos são familiares, como o peixe e os coentros, mas em vez de recorrer ao sabor do azeite e do sal, damos-lhe um tom diferente para cortar a monotonia que nunca se deve instalar nas nossas cozinhas, com os substitutos do sal do Oriente e o delicioso óleo de sésamo. Os coentros são conhecidos para fins medicinais; parece que ajudam à digestão, reumatismo, constipações e diarreia. Há quem mastigue as sementes de coentros para neutralizar o gosto de alho na boca. As sementes também podem ser usadas como chá digestivo: 1 colher de chá de sementes para cada chávena; ferver 2 a 3 minutos e deixar repousar 10 minutos.

SOPA DE MILHO COM LEITE DE SOJA

PARA 4 A 5 PESSOAS

2 cháv de milho

½ litro de leite de soja

um ovo (opcional)

CALORIAS

2 cháv de milho	304 cal
½ litro de leite de soja	500 cal
1 ovo	70 cal
por pessoa (5)	140 cal

Ponha o milho a ferver com 3 chávenas de água por ± 15 minutos.
Desfaça ligeiramente os grãos de milho com a varinha mágica.
Junte o leite de soja e deixe levantar fervura.
Tempere com sal e um pouco de pimenta.
Bata o ovo e junte à sopa a ferver, mexendo.
Desligue o lume de seguida.

* A mesma receita também funciona lindamente com espinafres ou courgette em vaz de milho.

COMENTÁRIO: esta sopa é deliciosa! O milho dá-lhe aquela qualidade meio adocicada que a transforma num delicioso acepipe entre refeições. No Oriente, o milho é considerado um bom alimento para as doenças cardiovasculares. O milho fresco é rico em ácido fólico, potássio e tiamina e também contém magnésio, ácido pantoténico, vitamina C, fósforo, niacina, zinco, riboflavina e é rico em fibra. 80% da niacina do milho não consegue ser absorvida pelo nosso corpo. Antigamente, as dietas baseadas em milho estavam associadas ao surgimento de "pelagra", uma doença que afectava o tubo digestivo, pele e mucosas. Como solução juntava-se lima, soda cáustica ou cinzas ao milho, para este e a niacina serem melhor absorvidos.

SOPA DE TOFU MULTICOR

PARA 6 PESSOAS

um cubo de *tofu* (± 400g)

1 pequena cenoura

¼ cháv de grão de milho

¼ cháv de ervilhas (ou alho francês em rodelas finas)

100g de miolo de camarão ou de frango picado

1 noz de gengibre

2 csopa de molho de soja (ou de peixe)

1 csopa de óleo

1 cchá de maizena

pimenta a gosto

CALORIAS

400g de *tofu*	292 cal
100g de camarão	99 cal
1 cenoura	35 cal
¼ cháv de milho	76 cal
¼ cháv de ervilhas	27 cal
1 csopa de óleo	292 cal
2 csopa de molho de soja	16 cal
1 cchá de maizena	17 cal
por pessoa (6)	142 cal

Ponha 1 litro de água a ferver com o óleo e o gengibre.

Descasque a cenoura e corte aos cubinhos.

Junte à água a cenoura e o milho.

Deixe fervilhar uns 7 minutos.

Junte as ervilhas e deixe fervilhar mais 3 minutos.

Entretanto corte o *tofu* aos cubinhos e junte ao caldo.

Quando voltar a ferver, junte a maizena dissolvida em ¼ chávena de água.

Misture bem e junte o miolo de camarão.

Quando voltar a levantar fervura desligue.

Tempere com o molho de soja e pimenta a gosto.

COMENTÁRIO: segundo a MTC o *tofu* é bom para o cólon e pulmões. Ao seu sabor delicado pode juntar outros sabores de alimentos variados.

SOPA DE PEIXE COM PAPAIA

PARA 6 PESSOAS

1 ou 2 cabeça(s) de peixe
300g de cação
1 csopa de óleo
1 noz de gengibre
1½ litro de água aquecida
1 papaia

CALORIAS

300g de cação	400 cal
1 csopa de óleo	120 cal
gengibre	5 cal
1 papaia (400g)	130 cal
total por pessoa (6)	108 cal

Aqueça o óleo numa panela com o gengibre.
Frite os 2 lados da(s) cabeça(s).
Deite a água já aquecida.
Junte a papaia descascada e cortada aos pedaços.
Junte as postas de cação.
Deixe fervilhar durante uns 20 minutos.
Tempere com sal e pimenta a gosto.

COMENTÁRIO: a papaia é um fruto rico em enzimas digestivos, por isso combina bem com as refeições. A combinação da papaia a este caldo torna a sopa uma especialidade.

PEIXES E MARISCOS No Oriente, há quem diga que o peixe é a melhor fonte de proteína a seguir ao *tofu*. Por ser de fácil digestão não exige do corpo muita energia. Na teoria do *Yin* e *Yang*, quase todos os peixes e mariscos, excepto o camarão, são considerados "frios" (*Yin*), equilibrando o excesso de *Yang* que possa existir no nosso corpo. No entanto, os temperos podem diminuir o "frio" do peixe. Por exemplo, o gengibre, o vinho de arroz, os coentros, a pimenta preta ou o vinagre, não só complementam o sabor do peixe e mariscos, atenuando cheiros ou sabores fortes, mas também têm qualidades "quentes", i.e. *Yang*.

Estávamos na China há uma semana.

Tinha chegado o momento de pôr ao teste os seis anos de aulas de Mandarim na Missão de Macau em Lisboa. Sem nada organizado de antemão, o meu marido confiara em mim para desempenhar o papel de guia no terreno.

Suzhou, *também conhecida nos livros de turismo como a "Veneza do Oriente", é de facto uma cidade encantadora. O livro* Le Gastronome *de Lu Wenfu, onde a cidade é apresentada como palco para as mais tentadoras experiências gastronómicas, inspirara-nos. Ao fim de um dia gasto a percorrer a cidade ao longo dos labirínticos canais, tentámos, recriar algumas das experiências culinárias que o livro tão bem descrevera.*

Era já noite. Fomos parar a um restaurante num 1º andar, perto do nosso Hotel dos 5 Continentes. Quando chegámos, as salas estavam cheias. O que tinha aprendido de Mandarim não chegava para ler o menu. Como sempre na China, os menus apresentavam descrições literárias de cada cozinhado. Rodeados por água e perto da costa, decidimo-nos por um prato de peixe!

Quando um dos sempre numerosos empregados trouxe o que tínhamos encomendado, era óbvio que algo não estava correcto no aspecto do peixe! Sem preconceitos, fomos saboreando mas... cada vez mais o "peixe" nos sabia a porco. "Afinal, isto é porco!" Como haveríamos de sobreviver mais cinco semanas na China, se nem isto eu tinha conseguido comunicar? Resignados, comemos em silêncio.

Subitamente, do meio da animação do restaurante, um empregado de bandeja estendida anunciou: "Aqui está o vosso peixe!" Bom, agora já tínhamos comido o porco encomendado pelos vizinhos da mesa ao lado! Mas sempre fiquei mais descansada. Afinal, sempre conseguia fazer-me entender!.

MINNIE FREUDENTHAL

LULAS COM FUNCHO

PARA 4 PESSOAS

4 lulas médias limpas (± 400g)

1 funcho grande ou 2 pequenos (ou aipo ou brócolos)

umas rodelas de pimento vermelho

½ cchá de gengibre, muito picadinho

3 csopa de óleo

2 csopa de molho de soja

2 dentes de alho

umas gotas de aguardente

pimenta a gosto

CALORIAS

400g de lulas	371 cal
200g de funcho	72 cal
3 csopa de óleo	360 cal
2 csopa de molho de soja	16 cal
2 dentes de alho	8 cal
pimento vermelho	10 cal
por pessoa (4)	209 cal

Limpe e tire a pele às lulas.

Corte o corpo das lulas em rodelas de ± 1cm, ou abra as lulas e faça incisões diagonais cruzadas no lado interior do cada tubo aberto.

A seguir, corte aos pedaços de ± 4cm x 4cm.

Deixe escorrer a água.

Lave o funcho e corte às tiras.

Aqueça o *wok* ou uma frigideira normal.

Junte 1 colher de óleo e deixe aquecer.

Meta 1 dente de alho e deixe queimar um pouquinho.

Deite o funcho e o pimento junto com metade do gengibre.

Salteie em lume vivo por 2 a 3 minutos.

Retire o funcho e junte mais 2 colheres de óleo.

Aloure o outro dente de alho.

Junte as lulas e o resto do gengibre.

Salteie em lume vivo por 2 minutos.

Meta de volta o funcho e o pimento.

Junte a aguardente e tempere com molho de soja e pimenta.

Misture bem e desligue logo o lume.

Se usar brócolos, coza primeiro no forno de microondas, com tampa, durante 3 minutos.

* As lulas podem ser substituídas por chocos.

COMENTÁRIO: o choco e a lula, assim como o bacalhau e a sardinha, tão apreciados no nosso país, são dos peixes mais ricos em colesterol apesar de não serem muito ricos em calorias. Mas tudo é uma questão de equilíbrio! Se não herdou erros metabólicos com níveis altos de colesterol, mantenha uma vida activa e um peso adequado para que a sua alimentação não tenha que ser restritiva. Para além disso, o peixe também é rico em gorduras que o protegem do cancro do cólon e das doenças de coração.

LINGUADO A VAPOR

PARA 2 PESSOAS

1 linguado de 500 a 600g fresco, limpo
e inteiro
4 fatias finas de gengibre, cortadas em
tirinhas
coentros picados a gosto
3 csopa de óleo
1 csopa de molho de soja

CALORIAS

500g de linguado	480 cal
3 csopa de óleo	360 cal
coentros	20 cal
1 csopa molho de soja	8 cal
por pessoa (2)	439 cal

Coloque o peixe num recipiente pouco fundo e resistente ao calor.

Espalhe um pouco de sal e o gengibre nos dois lados do peixe e na barriga.

Coza a vapor, tapado, durante 8 minutos.

Quando o peixe estiver quase pronto, aqueça o óleo à parte até deitar fumo.

Pode alourar um dente de alho no óleo, para dar sabor.

Retire o peixe do vapor.

Coloque os coentros em cima.

Despeje o óleo a ferver em cima do peixe.

Junte o molho de soja.

*Podem utilizar-se outros peixes (como abrótea, dourada, pescada, robalo, etc.), a duração varia conforme a grossura do peixe, um peixe fino como o linguado leva menos tempo do que um outro mais grosso. Por ex., um peixe de ± 3cm de grossura leva ± 12 minutos. Não convém usar peixes de tamanho muito grande porque vai haver partes que ficam cozidas demais.

COMENTÁRIO: o linguado é um peixe particularmente magro. O que enriquece esta receita é o molho de óleo a ferver sobre os coentros. Evidentemente que se pode controlar a quantidade de óleo utilizada. No entanto, é este adicionar de óleo a ferver, muito utilizado na cozinha chinesa, que faz realçar o sabor do peixe e dos coentros.

RAIA NO FORNO COM MOLHO DE FEIJÃO PRETO SALGADO

PARA 4 PESSOAS

1 raia média (cerca de 1kg limpo)
umas rodelas de cebola e pimento vermelho

TEMPERO

1 cebola pequena
2 dentes de alho
umas fatias de gengibre
6 csopa de feijão preto chinês
1 csopa de aguardente
2 csopa de óleo (de milho ou de girassol)
2 csopa de molho de soja
1 cchá de açúcar
pimenta
piripiri a gosto

CALORIAS

1 kg de raia	1178 cal
1 cebola pequena	40 cal
2 dentes de alho	8 cal
6 csopa de feijão preto	210 cal
1 csopa de aguardente	30 cal
2 csopa de óleo	240 cal
2 csopa de molho de soja	16 cal
2 cchá de açúcar	15 cal
por pessoa (4)	285 cal

Pique os condimentos todos numa batedeira para obter um molho grosso.

Aqueça o forno até 200ºC.

Lave a raia e corte em 4 partes.

Coloque a raia recomposta, com o lado de pele áspera para baixo, num recipiente para ir ao forno previamente untado.

Às vezes a raia pode ter picos, mas é mais fácil tirar a pele quando servir.

Espalhe o molho por toda a superfície da raia.

Coloque umas rodelas de cebola e pimento vermelho em cima. Deixe assar por meia hora com uma tigela de água no forno.

Para quem gosta de uma crosta mais queimada, deixe grelhar rapidamente antes de retirar o peixe do forno.

COMENTÁRIO: um sucesso garantido, não só na apresentação como no sabor. Os cálculos calóricos da raia foram deduzidos dos do linguado, já que a raia não é frequentemente mencionada nos livros de nutrição. Estudos mostram que uma dieta com peixe, pelo menos uma vez por semana, está associada a uma menor incidência de cancros do aparelho digestivo.

PEIXES E MARISCOS · 61

CHOCO A VAPOR COM AMEIXAS UMEBOSHI

PARA 4 PESSOAS

600g de chocos limpos sem pele nem tinta

6 a 8 ameixas salgadas japonesas (*umeboshi*,ver Glossário)

½ cchá de gengibre picadinhas

1 csopa de óleo

2 csopa de molho de soja

umas gotas de aguardente

umas gotas de óleo de sésamo

1 cchá de maizena

pimenta e piripiri a gosto

CALORIAS

600g de chocos	557 cal
6 ameixas *umeboshi*	80 cal
2 csopa de molho de soja	16 cal
1 cchá de maizena	10 cal
1 csopa de óleo	120 cal
óleo de sésamo	20 cal
por pessoa (4)	202 cal

Corte o corpo dos chocos, obliquamente, às fatias finas, ou abra e faça riscas diagonais cruzadas no lado interior do corpo antes de cortar aos pedaços de ± 4cm x 4cm.

Deixe escorrer a água.

Tire o caroço às ameixas e esmague a polpa.

Coloque os chocos num recipiente que possa ir ao vapor.

Misture bem com todos os ingredientes de tempero.

Coza no vapor por 4 minutos.

COMENTÁRIO: As ameixas salgadas são usadas na medicina tradicional chinesa para tratar hipoglicémia e problemas intestinais. No Japão, há quem chame estas ameixas de "Alka Seltzer Japonesa". De sabor ácido e salgado, ficam deliciosas colocadas no meio de um arroz branco durante a cozedura deste. Experimente!

CAMARÕES COM ERVILHAS TORTAS E PINHÕES

PARA 4 PESSOAS

800g de camarões do tamanho médio
com casca
200g de ervilhas tortas
2 csopa de pinhões (previamente torrados)
3 csopa de óleo
1 dente de alho picado
½ cchá de gengibre picadinho
umas gotas de aguardente
2 csopa de molho de soja
pimenta

PARA MARINAR OS CAMARÕES

1 cchá de óleo
umas gotas de óleo de sésamo
½ csopa de molho de soja
pimenta a gosto

CALORIAS

400g cde amarão cozido	482 cal
200g de ervilhas tortas	64 cal
2 csopa de pinhões	129 cal
3 csopa de óleo	360 cal
2 csopa de molho de soja	16 cal
por pessoa (4)	249 cal

Arranje as ervilhas, tirando-lhes o fio.

Descasque os camarões e esfregue com um pouco de sal.

Passe por água e escorra bem (até pode secar num pano).

Dê um corte longitudinal a cada camarão, sem o abrir por completo.

Ponha-os a marinar com os ingredientes de tempero.

Aqueça bem o *wok* e junte 1½ colher de óleo.

Deixe aquecer de novo.

Junte os camarões e frite até ficarem enrolados (é quase instantâneo).

Retire-os e lave o *wok* (ou use um outro utensílio ao lado).

Aqueça o *wok* de novo e deite 1½ colher de sopa de óleo.

Aloure o alho e o gengibre e junte as ervilhas.

Acrescente logo a aguardente, mexendo.

Salteie durante ± 4 minutos ou até as ervilhas estarem na consistência do seu gosto.

Tempere com o molho de soja e pimenta.

Ponha de volta os camarões.

Misture rapidamente e desligue.

Espalhe os pinhões em cima antes de servir.

* Com as cascas de camarão faz-se um óptimo caldo de base para sopas ou arroz/açorda de mariscos.

COMENTÁRIO: esta receita é rica, mas fácil e deliciosa. Os pinhões, assim como outras oleaginosas, são excessivamente ricos em calorias devido ao seu alto conteúdo em gordura. No entanto, 80% da gordura dos pinhões são ácidos gordos não saturados. Os pinhões são uma fonte excelente de vários minerais e vitaminas. Como as outras oleaginosas devem ser usados para salpicar a comida em pequenas quantidades. Não coma oleaginosas guardadas há muito tempo, podem ter níveis elevados de contaminantes perigosos para a saúde.

CAMARÕES A VAPOR COM ALHO

PARA 4 PESSOAS

800g de camarões de tamanho médio
com casca
½ cchá de gengibre muito picadinho
2 dentes de alho
½ cchá de sal
2 csopa de óleo

CALORIAS

400g de camarão cozido ··········	428 cal
2 csopa deóleo ························	240 cal
por pessoa (4) ··························	167 cal

Lave e descasque os camarões, deixando a parte perto do rabo.
Dê um corte longitudinal a cada camarão, mas sem o abrir por
completo.
Coloque-os num recipiente para ir ao vapor.
Junte o gengibre picado e misture.
Coza a vapor durante 2 a 3 minutos.
Entretanto, pique os dentes de alho.
Aqueça o óleo à parte.
Tire o prato do vapor e espalhe o sal e alho sobre os camarões.
Despeje o óleo quente em cima.

* Se não tiver tempo, ou paciência, pode usar miolo de camarão
de grande tamanho. Alternativamente pode saltar a etapa do
corte, cuja finalidade é tanto o efeito estético como facilitar a
cozedura. Pode também aproveitar as cascas e cabeças dos
camarões para fazer mais tarde o caldo que servirá de base para
uma sopa ou um delicioso arroz de mariscos.

COMENTÁRIO: o segredo da cozinha está evidentemente na
qualidade dos produtos. Um bom produto com mínima preparação é sempre um sucesso. Apesar do camarão ser conhecido
como rico em colesterol, não deixa de ser frequente nos nossos
pratos. Tem outras vantagens, tais como um alto teor de zinco,
mineral essencial à nossa imunidade, vitamina B12 e niacina.

AVES Na medicina tradicional chinesa, a galinha é considerada uma fonte de energia. Utiliza-se para muitos fins. Por exemplo, nas crianças, é muito eficiente para tratar desnutrição; já nas mulheres, é especialmente usada após o parto, para reequilibrar a energia e aumentar a produção de leite.

PATO MISTERIOSO

Em Moçambique havia muitos chineses. Nos dias de festa, em casa dos colegas chineses, as mesas estavam cobertas por um sortido de pratos variados e exóticos, divertidos. Por isso não me lembro de quando primeiro descobri os prazeres da comida oriental. Mas fascínio, fascínio mesmo, foi só em Joanesburgo.

A John Voster Square era um local particularmente sinistro da cidade – tinham construído lá o edifício novo da polícia política. Havia uma janela, em particular, no quarto andar, que era conhecida por todos: de lá se "suicidavam" regularmente os dissidentes. Na universidade de língua inglesa, éramos quase todos oposicionistas, por isso sentíamos na pele o horror daquela descida abrupta.

Do outro lado da praça, onde ainda não tinham chegado os benefícios da modernização, estavam uns casebres térreos, pintados a branco. Um dia, um amigo macaense do meu pai levou-me lá. Era uma tasca chinesa, onde serviam uma comida simples e caseira mas inesperadamente paladosa e variada – um restaurante para emigrantes cantonenses pobres. Em pouco tempo, porém, o restaurante tornou-se conhecido, passando inevitavelmente a servir a usual comida para "fantasmas estrangeiros" – mistela intragável.

Eu tinha uma lambreta muito velha – que, num passado distante, um dos anteriores donos tinha pintado mal de amarelo sujo. Era a minha liberdade. Nas noites de calor intenso, com a minha namorada, fazíamos percursos enormes, entre festas e casas de amigos – onde íamos ver filmes, dançar, ouvir música, discutir política, ler poesia. Numa

dessas noites, passámos por ali e sentimos um cheiro a pão quente. Descobrimos então que, no casebre ao lado do restaurante, havia uma padaria chinesa onde, a horas certas da madrugada, se cozinhava a vapor pães brancos recheados – cha siu buns, *como lhe chamávamos, misturando o cantonense para carne assada e o inglês para carcassa. A meio da noite, o gosto adocicado da carne de porco misturada com cogumelos e ameixas, forrada na textura tenra do pão branco – tudo por uns tostões – tornou-se uma necessidade. Sobre uma sertã redonda de quase um metro de diâmetro pousavam quatro ou cinco cestos de bambu com fundo de peneira. O vapor a sair por cima, a meio da noite, por entre o ir e vir de uma chusma de chineses, é uma imagem inesquecível.*

Mas havia um terceiro casebre, mais sujo ainda e, sobretudo, mais solitário. Enquanto o restaurante se tornava famoso; enquanto o negócio dos cha siu buns *prosperava visivelmente; esta terceira porta parecia ter morrido. O lugar era habitado por um chinês alto e magro, cuja única palavra de Inglês era "closed!", violenta mas pessimamente pronunciado. Sublinhe-se o sinal de exclamação, repita-se a palavra três vezes e ponha-se uma expressão de irritabilidade quase ao nível da histeria – por isso faltava a clientela! Uma vez vimos um casal chinês entrar para lá, espreitámos pela janela e percebemos que comiam uma massa qualquer. Entrámos também – a sujidade sugeria que podíamos pagar a conta. O homem fingiu que não nos via mas, ao fim de algum tempo, lá fez um gesto mal humorado para que nos sentássemos à mesa e deitou para cima dela – era esse o* tom geral – duas malgas cónicas fundas, um prato com pato assado e um pires com dois molhos – um amarelo vivo de mostarda e um vermelho de pasta de pimento. Ao fundo da loja, os patos dependurados pelo pescoço a secar, riam-se para nós.

A massa nadava numa sopa com um gosto pouco intenso mas muito paladoso; o pato era delicioso e a pele tostada; os molhos eram perfeitamente picantes. No fim, cobrou-se de uma ninharia. Ficámos logo clientes, claro – só que, para nossa infelicidade, o homem era errático. "Closed! Closed! Closed!" – sabe-se lá porquê e porque raio estava aberto a umas horas e dias, não a outros. Se calhar foi o truque que descobriu para afugentar clientes europeus – se calhar a loja era só uma fachada para algo de menos declarável – se calhar era simplesmente um misantropo da pior espécie. Para nós, o mistério e a solidão, só tornavam a possibilidade de lá comer mais atraente.

Mais tarde, quando vivia em Londres, tentei repetir a experiência, mas foi o falhanço total. Pato assado assim e cha siu buns destes, só voltei mesmo a comer em Macau, numa "loja de fitas", como lá se diz, numa transversal da Rua da Praia Grande. Quem comeu e gostou nunca mais pode esquecer.

JOÃO DE PINA CABRAL

FRANGO A VAPOR COM ORELHAS DE NUVENS

PARA 5 A 6 PESSOAS

1 frango ou 600g de peito de galinha

2 dúzias de cogumelos chineses (de molho pelo menos ½ hora)

½ cháv de fungos "orelhas de nuvens", (de molho por ±15m)

5 csopa de molho de soja

umas gotas de óleo de sésamo

1 cchá de aguardente

2 cchá de maizena

½ cchá de açúcar

1 colher de sopa de óleo.

1 colher de chá de gengibre picadinho

pimenta a gosto

CALORIAS

600g de frango	636 cal
24 cogumelos chineses	30 cal
fungos	10 cal
5 csopa de molho de soja	40 cal
1 cchá de aguardente	10 cal
2 cchá de maizena	20 cal
½ cchá de açúcar	7 cal
2 csopa de óleo	120 cal
por pessoa (5)	175 cal

Lave bem o frango depois de tirar a gordura (e a pele se quiser). Parta aos pequenos pedaços, se usar peito corte às lâminas.

Coloque num prato que vá ao vapor.

Tire os pés e corte os cogumelos às tirinhas.

Tire os pés aos fungos e lave bem.

Junte os cogumelos e os fungos ao frango.

Adicione os ingredientes do tempero e misture bem.

Coloque o recipiente no *wok* com água a ferver, em cima dum suporte metálico ou improvisado e tape bem.

Se usar frango com osso, mexa ao fim de 10 minutos e deixe cozer mais 10 minutos.

Se usar peito, mexa ao fim de 5 minutos e deixe cozer mais 5 minutos.

COMENTÁRIO: mais uma receita simples, rápida e saborosa. Se tirar a pele ao frango, por cada 100g diminui cerca de 50 calorias. O peito é menos gordo do que as coxas – algo a lembrar se quiser reduzir o peso. Mate a fome com legumes. Lembre-se: a carne é só para dar sabor!

Os fungos "orelhas de nuvens", são utilizados na medicina tradicional chinesa desde há milhares de anos. Por exemplo, para tratar hemorróidas, ou como tónico para o estômago. Também se diz que aumentam a energia física e mental e têm propriedades anticoagulantes. Os cogumelos estimulam o sistema imunitário.

PEITO DE FRANGO COM CORAL E JADE

PARA 4 PESSOAS

400g de peitos de frango sem pele

2 cenouras

4 caules de aipo (ou 1 funcho)

2 dentes de alho

1 cchá de gengibre picadinho

3 csopa de óleo

2 csopa de molho de soja

pimenta

piripiri a gosto

PARA MARINAR

1 csopa de molho de soja

½ csopa de óleo

umas gotas de óleo de sésamo

umas gotas de aguardente

1 cchá de maizena

pimenta

CALORIAS

400g de peito de frango	424 cal
2 cenouras	70 cal
4 caules de aipo	40 cal
2 dentes de alho	8 cal
3 csopa de óleo	350 cal
2 csopa de molho de soja	16 cal
1 cchá de maizena	10 cal
por pessoa (4)	348 cal

Lave e corte os peitos aos cubos pequenos.

Marine com os ingredientes acima indicados (preferivelmente com alguma antecedência).

Tire as fibras aos caules de aipo, partindo-os ou descascando.

Lave e corte os caules aos pequenos pedaços quadrados.

Descasque as cenouras e corte-as aos cubinhos.

Aqueça bem o *wok*.

Junte 1 colher de óleo e deixe aquecer.

Aloure 1 dente de alho.

Junte o gengibre e as cenouras.

Salteie em lume vivo cerca de 3 minutos.

Junte o aipo e salteie por mais 2 minutos.

Retire e guarde num recipiente.

Aqueça 2 colheres de sopa de óleo no *wok*.

Aloure o outro dente de alho.

Junte o frango, mexendo em lume forte cerca de 3 minutos.

Junte de volta os legumes.

Tempere com o molho de soja e pimenta (e piripiri para quem goste).

* Pode juntar um pouco de cajus, amêndoas ou pinhões.

COMENTÁRIO: este é um bom exemplo de um *chao chao* de frango que se pode improvisar com ingredientes variados. Experimente com cebolinhas salteadas no *wok*, cenoura, um pouco de limão, lima e coentros. As oleaginosas, como o caju, as amêndoas ou mesmo os pinhões, são muito usados nos *chao chao* para dar uma textura croquante. Não abuse das oleaginosas, estão cheias de calorias devido ao alto teor de gordura. São uma boa fonte de proteínas, sobretudo se combinadas com vegetais ou leguminosas, fornecendo assim todos os aminoácidos essenciais.

FRANGO FUMADO AO CAFÉ

PARA 4 A 6 PESSOAS

1 frango de 1000 a 1200g
½ c sopa de sal
2 fatias de gengibre
150g de grãos de café
1 csopa de açúcar

MOLHO

1 cebola de tamanho médio
100g de gengibre
1 cháv de coentros cortadinhos
2 cháv de óleo
1 c sopa de sal

UTENSÍLIOS

wok ou panela grande com tampa
grelha metálica para pousar o frango
papel de alumínio

CALORIAS

1 frango com pele 1Kg	2250 cal
1 csopa de açúcar	45 cal
3 csopa de óleo	360 cal
por pessoa (6)	442 cal

MOLHO

1 cebola	60 cal
100g de gengibre	50 cal
480 ml óleo	3840 cal
1 csopa	123 cal

Prepare o molho da maneira seguinte: pique finamente o gengibre, a cebola e os coentros, acrescente sal a gosto, deite óleo a ferver sobre a mistura.

Meta as 2 fatias de gengibre na barriga do frango.

Coloque o frango num recipiente que possa ir ao vapor.

Deixe cozer, tapado, durante 15 minutos.

Vire o frango e deixe cozer durante mais 10 minutos.

(Na China, insiste-se muito que o frango não deve ficar cozido demais, o ponto perfeito é quando a carne junto ao osso ainda está rosada, mas já não está colada aos ossos).

Tire o líquido que se produziu durante a cozedura e esfregue o frango com sal.

Coloque a folha de alumínio no fundo do *wok*, deite em cima os grãos de café e aqueça até deitarem fumo.

Acrescente 1 colher de sopa de açúcar ao café.

Coloque a grelha metálica por cima dos grãos.

Pouse o frango directamente em cima da grelha.

Tape e deixe fumar durante 10 minutos em lume médio.

Deixe arrefecer um pouco antes de cortar, desfaz-se menos.

Serve-se quente, ou frio com o molho.

* Este molho é uma perigosa tentação! Guarda-se bem, num frasquinho fechado e vai muito bem com massas.

COMENTÁRIO: Guarde esta receita para dias de festa! É original e deliciosa, sempre um sucesso com os amigos. No dia-a-dia tente não comer mais do que 100 a 150g de frango. Para consumir as calorias da sua dose de frango tem que correr mais do que 1 hora a bom ritmo! Sugiro o truque de sempre: fazer outros pratos de vegetais, consumir menos frango e fazer o exercício necessário. Em geral, o peito do frango tem menos gordura do que a carne escura. É claro que o óleo utilizado para o molho ainda enriquece mais a receita. Seja moderado no molho!

PATO GUISADO COM CASTANHAS E CASCAS DE TANGERINA

PARA 6 A 8 PESSOAS

1 pato cortado aos pedaços

400g de castanhas peladas (frescas ou congeladas, mas não as secas)

2 csopa de óleo

1 noz de gengibre

¼ de cháv de molho de soja light

¼ de cháv de molho de soja *dark* (ou *mushroom*)

umas gotas de aguardente

2 cháv de água

2 cascas de tangerina secas, postas de molho com 20 min. de antecedência

2 estrelas de anis

1 ou mais cebolas inteiras e descascadas

pimenta a gosto

CALORIAS

1 pato	1140 cal
400g de castanhas	680 cal
2 csopa de óleo	240 cal
½ cháv de molho de soja	32 cal
1 cebola	60 cal
por pessoa (5)	430 cal

Raspe a camada branca no lado interior das cascas de tangerina já amolecidas.

Aqueça o óleo no *wok* ou numa panela grande.

Doure o gengibre e junte o pato.

Meta logo a aguardente e deixe fritar uns 5 minutos.

Junte os 2 molhos de soja e refogue por mais 2 a 3 minutos.

Adicione a água, o açúcar, as cascas de tangerina, as estrelas de anis e a(s) cebola(s).

Quando levantar fervura, baixe o lume e deixe fervilhar, tapado, por 20 minutos.

Acrescente as castanhas e deixe fervilhar mais 20 minutos.

* Pode substituir as castanhas por ½ kg de melão de inverno cortado aos cubinhos.

COMENTÁRIO: mais uma receita de festa com a deliciosa combinação de castanhas e pato. Segundo a medicina tradicional chinesa, as casca de tangerina e de laranja são descongestionantes.

PATO IMPERIAL COM CHÁ

PARA 5 A 6 PESSOAS

1 pato
250ml de molho de soja *light*
200ml de molho de soja *dark*
(ou *mushroom*)
2 litros de água
1 cháv de chá *oolong* (ou chá preto)
num saquinho de pano
2 nozes de gengibre
2 csopa de açúcar
1 ou mais cebolas inteiras descascadas
1 cháv de especiarias imperiais (cardamomo,
cominho, canela, casca de tangerina seca,
pimenta, alcaçuz, anis, etc.)

MOLHO

1 cháv de vinagre de arroz branco
1 dente de alho, picadinho
malagueta cortadinha ou piripiri em pó
(opcional)

CALORIAS

1 pato com pele	1140 cal
2 csopa de açúcar	90 cal
1 cháv de vinagre	20 cal
1 cebola	60 cal
1 alho	4 cal
por pessoa (5)	263 cal

Ponha a ferver todos os ingredientes (excepto o pato) numa panela grande.

Limpe o pato, tire o máximo de gordura possível, mas deixe a pele.

Meta-o no caldo a ferver.

Quando levantar fervura baixe o lume para médio-baixo.

Deixe fervilhar tapado por 45 minutos a 1 hora, virando o pato de vez em quando.

Deixe arrefecer um pouco antes de cortar.

Misture os ingredientes do molho e sirva à parte.

* Este pato serve-se quente ou frio. Também é bom dourar no forno antes de servir.

COMENTÁRIO: uma receita simples e saborosa, boa para dias de festa. É a pele do pato que é verdadeiramente calórica. O mesmo pato sem pele, só tem 200 calorias!

CARNES No Oriente acha-se que, para iniciar a digestão das gorduras e proteínas da carne, é conveniente marinar as carnes com vinho de arroz, alho, limão, sumo de tamarindo e vinagre. O gengibre é muito utilizado para limpar o corpo das toxinas da carne. O porco é um alimento neutro na alimentação chinesa, frequentemente aconselhado a pessoas magras, nervosas ou de constituição fraca.

DUCK SAUCE E CHICAGO FRIED RICE

Divirto-me muito quando penso nos meus dias de estudante, no Verão em que trabalhei na Chinatown de Boston. Foi uma experiência inesquecível. Para já o horário: das 4 da tarde às 4 da manhã – e isto, caso os clientes aceitassem sair! Lá pelas tantas da madrugada, então, pegava na bicicleta e voltava ao ninho. É claro, só acordava pela 1 da tarde. Metia alguma coisa na boca a correr, dava umas voltas e pronto, já eram horas de ir outra vez.

Tinha sido avisada que, às vezes, aconteciam cenas de filme, género máfia: grupos inimigos que, pelo amor da comida chinesa, se cruzavam no restaurante. Acabava então tudo pelo ar: pratos, copos, asas de frango, entrecosto… Esperei durante aquele verão todo por uma dessas cenas. Mas, desilusão minha, só pude assistir a incidentes menores: clientes que fugiam sem pagar, adolescentes que fingiam ser adultos para beber cerveja, etc. De cada vez, a patroa punha-se aos gritos: "jam hou guai!". Demorou-me algum tempo a perceber o que é que ela queria dizer porque falava em dialecto toi saan. Afinal, não era nada de muito impressionante: simplesmente, "fantasmas p'ra decapitar!"

À parte cozinhar, exigia-se do cozinheiro que tivesse muito boa memória. Os empregados de mesa não passavam as ordens por escrito. A porta da cozinha tinha dois batentes. Abríamos o da esquerda com um pontapé, os braços cheios de loiça, gritávamos os comandos, enquanto pousávamos a carga na bacia do lava-loiça, pegávamos no que era preciso levar para as mesas, dávamos de novo um pontapé no batente direito e pronto,

já estávamos de volta na sala. Tudo isto em poucos segundos. Era essencial não nos enganarmos com o lado, podiam ocorrer acidentes fatais.

O nosso cozinheiro, um homem magro e calado, com um cigarro sempre pendurado nos lábios, tinha uma memória fenomenal. Tinha sido marinheiro, mas um dia decidiu não voltar ao barco. A família, essa ficou do outro lado do Pacífico! Sem os documentos em ordem, nunca mais viu os seus. Quando cheguei ao restaurante, ele já tinha estado na terra de ouro há vinte e tal anos. Solitário e triste, só se lhe detectava um qualquer vago sorriso, quando olhava com ternura abafada para a filha do patrão, uma adolescente de 16 anos.

Os pratos também eram absolutamente inéditos para mim: pupuplatter *e* Chicago fried rice, *por exemplo. O primeiro vinha num recipiente de três andares empilhados de coisas fritas – pu – o suposto tesouro. O segundo era para mim um enigma até ao dia em que resolvi perguntar. O arroz* dark *era frito com molho de soja e acabava por ter uma cor muito obscura. Ora, como eles achavam que em Chicago há muitos negros, tiveram a bela ideia de dar ao prato o nome da cidade!*

Os americanos que frequentavam os restaurantes da Chinatown adoravam ducksauce *– metia-se aquilo em quase tudo o que eles comiam. Originalmente,* ducksauce *é o molho de acompanhamento do pato assado cantonês e é feito à base de ameixas. Mas os restaurantes lá inventaram uma receita mais ao jeito. Vai daí, lá era eu delegada, uma ou duas vezes por semana, para essa tarefa. Com um remo partido na mão e um barril enorme na frente, cheia da mais negra das más intenções e da* *elegância de uma bruxa, murmurando maldições, mexia e mexia. Passava longas horas a misturar compota de maçã, vinagre e açúcar – tudo em quantidades industriais – para obter a poção mágica que tornava uma comida sem nome nem nacionalidade, numa suposta delícia chinesa. Mistérios!*

MÓNICA CHAN

CARNE A VAPOR COM CASTANHAS DE ÁGUA

PARA 4 PESSOAS

400g de lombo de porco ou de vaca

umas 20 castanhas de água

¼ da casca seca de 1 tangerina (opcional,
de molho por 20min. use depois de raspar
as fibras brancas do interior)

½ cchá de gengibre picado

3 csopa de molho de soja

1 csopa de óleo

umas gotas de óleo de sésamo

1 cchá de maizena

¼ cchá de açúcar

pimenta ou piripiri a gosto

1 csopa de água

1 csopa de coentros picados

CALORIAS

400g de carne de porco ·············· 731 cal

20 castanhas de água ···················· 80 cal

1 csopa de óleo ·························· 120 cal

3 csopa de molho de soja ············· 24 cal

1 cchá de maizena ······················· 10 cal

¼ de cchá de açúcar ······················· 4 cal

por pessoa (4) ····························· 244 cal

Pique primeiro ligeiramente as castanhas de água.

Junte a carne e os condimentos (sem os coentros).

Pique sem que a carne fique excessivamente fina.

Junte os coentros e misture.

Espalhe a mistura num recipiente pouco fundo que possa ir ao vapor para obter uma espécie de *burger* de grossura uniforme (± 1½ cm).

Pique com um garfo para não empolar durante a cozedura.

Coza a vapor durante 10 minutos se for carne de porco e 5 minutos se for carne de vaca.

COMENTÁRIO: é uma receita muito simples, quase sem tempo de preparação. O método de cozedura a vapor evita ter que adicionar mais óleo. Com alguma imaginação, pode substituir as castanhas de água por outros ingredientes, como *vermicelli fansi*, cenoura e ameixas *umeboshi*. Acompanhe com muitos vegetais.

CARNE DE PORCO A VAPOR COM BACALHAU E AZEITONAS

Migas de bacalhau de molho: 30 min.

PARA 4 PESSOAS

350g de carne de porco (lombo ou costeleta de fundo sem osso é boa para esta receita)
100g de migas de bacalhau
½ cháv de azeitonas pretas
1 cchá de gengibre picado
1 csopa de molho de soja
1 csopa de óleo
umas gotas de óleo de sésamo
1 cchá de maizena
umas gotas de aguardente
¼ cchá de açúcar
pimenta
piripiri para quem gosta
½ cchá de molho de camarão (só para os apreciadores, neste caso é necessário diminuir a quantidade de molho de soja por ½)

CALORIAS

350g de carne de porco	640 cal
100g de bacalhau seco	246 cal
½ cháv de azeitonas	21 cal
1 csopa de molho de soja	8 cal
1 csopa de óleo	120 cal
1 cchá de óleo de sésamo	40 cal
1 cchá de maizena	10 cal
1 cchá de molho de camarão (opcional)	20 cal
1 cchá de aguardente	10 cal
¼ cchá de açúcar	3 cal
por pessoa (4)	280 cal

Lave o sal das migas de bacalhau e deixe de molho durante 30 minutos.

Parta as azeitonas numa tábua, várias de cada vez, com o cutelo chinês DEITADO.

Tire-lhes os caroços.

Junte a carne, o bacalhau, as azeitonas e os condimentos.

Pique tudo junto, sem que fique excessivamente fino.

Espalhe a mistura num recipiente pouco fundo que possa ir ao vapor para obter uma espécie de *burger* de grossura uniforme (± 1½ cm).

Pique com um garfo para não empolar durante a cozedura.

Coza a vapor por 10 minutos.

* Se não gostar da ideia de misturar carne com bacalhau, pode usar só as azeitonas.

COMENTÁRIO: nesta receita, a carne de porco e bacalhau dão um tom exótico, mas ao mesmo tempo familiar. É uma combinação muito rica em colesterol e proteínas. No entanto, nas doses acima referidas não ultrapassa os 300mg de colesterol permitidos por dia. É uma receita muito simples, quase sem tempo de preparação. Com alguma imaginação pode-se substituir o bacalhau por outro ingrediente como, por exemplo, o miolo de camarão. O importante é não abusar na quantidade e acompanhar com muitos vegetais. Lembre-se, a carne não é para matar a fome, mas sim para dar sabor.

ENTRECOSTO AO MEL GRELHADO

PARA 4 PESSOAS

1 kg de entrecosto de porco cortado às tiras

1 csopa de gengibre picado

3 csopa de molho de soja *dark* (ou *mushroom*)

1 csopa de molho de soja light

1 csopa de mel

1 cchá de aguardente

CALORIAS

1Kg de entrecosto ···················· 1820 cal

4 csopa de molho de soja ············· 32 cal

1 csopa de mel ···························· 72 cal

1 cchá de aguardente ··················· 10 cal

gengibre ··································· 16 cal

por pessoa (4) ························· 488 cal

Marine o entrecosto com os ingredientes de tempero com horas de antecedência.

Se usar forno, pré-aqueça o forno a 200ºC.

Distribua o entrecosto na grelha.

Coloque uma malga de água por baixo para manter a humidade dentro do forno.

Vire o entrecosto ao fim de 10 minutos.

Grelhe mais 10 minutos.

* Pode-se também grelhar com "especiarias de 5 perfumes" e sal grosso sem marinar com antecedência.

COMENTÁRIO: o entrecosto, assim como outras carnes gordas, deve ser guardado para os dias de festa. Mas, como sempre, o segredo duma alimentação equilibrada é a quantidade. Acompanhe este prato com muitos vegetais e saladas e mantenha a sua porção saudável. As carnes, se não forem abusadas, têm um lugar na nossa alimentação. São ricas em vitamina B12 e zinco, um mineral importante para a nossa imunidade. No entanto, pela sua riqueza calórica e em gordura, devem ser comidas em proporção com o nosso estilo de vida. O excesso de carne traz excesso de gordura e contribui para doenças como a cancro do cólon, da mama, doença coronária e outras.

CARNE DE VACA COM FEIJÃO PRETO SALGADO

PARA 4 PESSOAS

400g de carne de vaca de boa qualidade

½ caule de alho francês

umas tirinhas de pimento vermelho

½ cchá de gengibre picado

1 dente de alho

1 csopa de feijão preto salgado

3 csopa de óleo

umas gotas de aguardente

piripiri a gosto

PARA MARINAR A CARNE

2 csopa de molho de soja

½ csopa de óleo

umas gotas de óleo de sésamo

¼ de cchá de açúcar

1 cchá de maizena

pimenta

CALORIAS

400g de carne de vaca ·············· 850 cal

½ alho francês ························· 30 cal

1 dente de alho ······················· 4 cal

1 csopa de feijão preto ·············· 35 cal

4 csopa de óleo ······················ 480 cal

2 csopa de molho de soja ··········· 16 cal

¼ cchá de açúcar ······················ 4 cal

1 cchá de maizena ···················· 10 cal

por pessoa (4) ······················ 356 cal

Corte a carne de vaca às lâminas ou tiras finas, transversalmente aos veios da carne.

Marine com os ingredientes acima indicados.

Pique o feijão preto, o alho e o gengibre em conjunto para obter uma pasta.

Lave e corte o alho francês às rodelas oblíquas.

Aqueça o *wok* ou uma frigideira normal.

Junte o óleo e deixe aquecer.

Deite o alho francês e o pimento vermelho.

Deixe subir a temperatura outra vez.

Meta a pasta de feijão preto e frite um pouquinho.

Junte a carne, mexendo rapidamente.

Junte a aguardente e pimenta.

Continue a saltear em lume vivo por mais ± 2 min.

Desligue o lume e sirva logo.

* O alho francês pode ser substituído por aipo ou funcho.

COMENTÁRIO: este feijão preto tem um sabor surpreendente, deve sempre usar com moderação para não abafar todos os outros sabores. No entanto, pode juntar uma colher de sopa, mal cheia, de feijão a um salteado do dia-a-dia e o seu prato fica cheio de personalidade.

CARNE DE VACA COM MANGA

PARA 4 PESSOAS

400g de carne de vaca de boa qualidade

1 manga madura, mas firme

umas tirinhas de pimento verde e outro tanto vermelho

½ cchá de gengibre picadinho

3 csopa de óleo

1 csopa de molho de soja

1 dente de alho

piri oiri a gosto

PARA MARINAR A CARNE

2 csopa de molho de soja

½ csopa de óleo

umas gotas de óleo de sésamo

umas gotas de aguardente ou vinho branco

1 cchá de maizena

pimenta

CALORIAS

400g de carne de vaca	850 cal
1 manga	135 cal
1 pimento	18 cal
3 csopa de óleo	360 cal
1 dente de alho	4 cal
1 csopa de molho sde oja	8 cal
½ csopa de óleo	60 cal
1 cchá de maizena	10 cal
por pessoa (4)	360 cal

Corte a carne de vaca em lâminas ou tiras finas, transversalmente aos veios da carne.

Marine com os ingredientes acima indicados.

Descasque a(s) manga(s) e corte a polpa aos pequenos pedaços.

Aqueça o *wok* ou uma frigideira normal.

Junte o óleo e deixe aquecer.

Aloure o dente de alho.

Junte a carne e frite em lume vivo, mexendo rapidamente.

Retire a carne ainda mal passada.

Deite os pimentos e o gengibre e deixe fritar um pouco.

Junte a manga, remexendo.

Adicione o molho de soja e pimenta a gosto.

Se a manga não estiver suficientemente doce, acrescente um pouco de açúcar.

Deixe cozer ± 2 minutos e junte a carne de volta.

Misture bem e desligue o lume logo.

A carne não deve ser demasiado passada.

Acompanhamento: arroz branco e vegetais, como por exemplo brócolos, couve chinesa, agriões, etc.

COMENTÁRIO: O aroma único e consistência suave da manga contrastam com a cor e o picante dos pimentos, tornando esta receita uma tentação. A manga é rica em vitamina A e C e também uma boa fonte de potássio e cobre.

TOFU É um produto da soja, de natureza "fria"e doce, com enorme capacidade para reequilibrar o nosso organismo. O *tofu* não é mais do que leite de soja coalhado. Actualmente sabe-se que contém fitoestrógeneos, que aparentemente protegem a mulher do cancro da mama e diminuem os sintomas da menopausa. Pensa-se ainda que a genistaina, uma proteína recentemente identificada no *tofu*, tem propriedades anticancerígenas. Pela sua consistência, tipo queijo fresco, é uma excelente fonte de proteínas para pessoas de idade ou crianças que tenham dificuldade em mastigar.

OVOS São uma fonte de proteína de alta qualidade nutritiva, fornecem os aminoácidos essenciais em proporções muito equilibradas. A proteína do ovo está concentrada na clara, também rica em potássio e riboflavina. É na gema que se encontram as gorduras, incluindo o colesterol. Mas a gema é rica em vitamina A e vitamina D, para além de outros minerais e vitaminas.

CHOP SUEY E FRANGO À PORTUGUESA

O Chop Suey é um "prato chinês" de renome internacional, que figura na ementa dos restaurantes chineses de todo o mundo... excepto nas terras onde se come com pauzinhos: na China, ninguém entende Chop Suey!

Agora, imaginem o meu espanto quando, chegada a Portugal, descobri que aqui não há onde comer um "autêntico" frango à portuguesa. Para cúmulo, nenhum português sabe sequer o que isso é! Ora, trata-se de um prato supostamente português muito apreciado pelas gentes de Macau e muito procurado pelos turistas que enchem a cidade vindos de Hong Kong, de Taiwan ou da China Popular!

O "frango à portuguesa" nasceu em Macau. É um prato que mete batatas, açafrão-das-Índias e coco e vai a acabar ao forno. Pelos ingredientes e o método, é patente a influência indiana/malaia, mais ainda que a portuguesa, é um prato que ilustra à perfeição o passado de Macau. Como em todas as tradições culinárias crioulas, é rico em sabor e em implicações históricas e culturais.

Já Chop Suey, por outro lado, quer dizer literalmente em chinês "diversos bocados", não é mais do que uma amálgama salteada de pedacinhos de ingredientes que se conseguem arranjar numa terra estranha. Não se trata, porém, do nome de qualquer prato de culinária chinesa estabelecido.

Foi assim, pela falta de recursos dos emigrantes chineses que abriam os seus restaurantes por esse mundo fora; por meio de adaptação às circunstâncias e de uma boa dose de imaginação, que nasceram alguns dos pratos que se tornaram grandes clássicos nos restaurantes chineses no estrangeiro. Pratos que nenhum chinês reconheceria: na Holanda, por exemplo, babipangam e nasigoreng (de influência indonésia); nos EUA, pupuplatter ou Chicago fried rice. Também foi assim que se criaram novas convenções: na Bélgica, o "molho de caril" tornou-se obrigatório nas províncias flamengas, enquanto que, na comunidade francófona, o "molho agridoce" domina; já nas Chinatowns americanas, o duck sauce e o gravy são indispensáveis.

Em suma, o Chop Suey assim como o "frango à portuguesa", por muito diferentes que sejam em sabor, partilham de um mesmo ingrediente essencial: espírito aberto e criativo num contexto multicultural. São felizes exemplos de fusão, como tantos outros que nos rodeiam e dos quais já nem suspeitamos.

MÓNICA CHAN

TOFU RECHEADO COM CHOCO PICADO

PARA 4 PESSOAS

1 cubo de tofu firme (± 400g)
um punhado de *vermicelli fansi* (de molho
por 10 min.)
1 csopa de gengibre picadinho
coentros picadinhos a gosto
4 csopa de óleo
4 csopa de molho de soja
umas gotas de óleo de sésamo

RECHEIO

±150g de choco limpo
8 castanhas de água picadas
1 cchá de maizena
¼ de chàv de água
½ cchá de sal
pimenta

CALORIAS

400g de *tofu*	292 cal
vermicelli (±20g)	60 cal
coentros	15 cal
4 csopa de óleo	480 cal
4 csopa de molho de soja	32 cal
150g de choco limpo	136 cal
8 castanhas de água	32 cal
1 cchá de maizena	10 cal
por pessoa (4)	264 cal

Deixe repousar o *tofu* para escorrer a água.

Pique os ingredientes do recheio (excepto as castanhas de água) até obter uma pasta.

Junte as castanhas esmagadas à parte só no fim e misture bem.

Espalhe o *vermicelli* num recipiente pouco fundo que vá ao vapor.

Dê uns cortes com a tesoura para facilitar o serviço.

Corte o cubo de *tofu* aos pedaços de ± 5cm x 5cm x 2cm.

Arrume-os em cima do *vermicelli*.

Com uma faca, barre uma boa camada de recheio sobre cada pedaço de *tofu*.

Espalhe o gengibre em cima.

Coza ao vapor durante 4 minutos.

Quando tirar o *tofu* do vapor, escorra o líquido que se acumulou no fundo.

Entretanto, aqueça o óleo à parte com um dente de alho, se gostar.

Espalhe os coentros em cima do *tofu*.

Despeje por cima o óleo a ferver e adicione o molho de soja e o óleo de sésamo.

COMENTÁRIO: o *tofu* é muito popular no Oriente. Rico em proteínas e cálcio, é muito fácil de cozinhar e constitui um bom substituto para peixe ou carne numa das suas refeições porque tem pouca gordura e nenhum colesterol. O único choco utilizado dá uma pequena dose de colesterol ao prato e reforça-o em proteínas

TOFU A VAPOR COM BRÓCOLOS

PARA 4 PESSOAS

1 cubo de *tofu* (± 400g)

1 cabeça de brócolos (± 200g)

1 csopa de camarões secos

1 cchá de gengibre picadinho

coentros picadinhos a gosto

1 csopa de presunto picado (opcional)

1 ovo de 100 anos, descascados e cortados aos pequenos pedaços (opcional)

4 csopa de óleo

4 csopa de molho de soja

1 dente de alho

umas gotas de óleo de sésamo

CALORIAS

400g de *tofu*	292 cal
1 csopa de camarões secos	50 cal
1 "ovo de 100 anos" (opcional)	70 cal
30g de presunto picado (opcional)	50 cal
1 csopa de coentros	12 cal
4 csopa de óleo	480 cal
4 csopa de molho de soja	32 cal
1 dente de alho	4 cal
200g de brócolos	66 cal
por pessoa (4) c/ presunto	264 cal

Escorra a água do *tofu*.

Arranje os brócolos e corte aos pedaços

Coloque o *tofu* num recipiente que vá ao vapor.

Disponha os brócolos em torno do *tofu*.

Faça umas incisões cruzadas no *tofu* sem chegar até ao fundo.

Espalhe o gengibre em cima.

Coza a vapor por 4 minutos.

Quando tirar o *tofu* do vapor, escorra o líquido que se acumulou no fundo.

Entretanto, aqueça o óleo à parte com o dente de alho.

Espalhe em cima os camarões secos e os coentros (mais o ovo e o presunto se usar).

Despeje o óleo a ferver por cima.

Adicione o molho de soja, o óleo de sésamo e pimenta a gosto.

COMENTÁRIO: mesmo com 4 colheres de sopa de óleo, este rápido e delicioso *tofu* traz poucas calorias e quase nenhum colesterol, sobretudo se reduzir nos "ovos de cem anos" e no presunto. Mesmo só com os coentros, este prato é delicioso. O acompanhamento de arroz reforça os aminoácidos do *tofu*.

TOFU MAPO – COM OU SEM CARNE

PARA 4 A 5 PESSOAS

1 cubo de *tofu* (± 400g)

100g de carne de porco ou de vaca, picada ou por miolo de camarão)

50g de *vermicelli fansi* (de molho 15 min.)

½ caule de alho francês

4 csopa de óleo

2 csopa de molho de soja

2 csopa de molho *mapo* (picante, ver Glossário)

1 dente de alho, picadinho

pimenta a gosto

CALORIAS

400g de *tofu*	292 cal
100g de porco magro	122 cal
(100g de camarão	99 cal)
½ caule de alho francês	30 cal
50g de *vermicelli*	150 cal
4 csopa de óleo	480 cal
1 dente de alho	4 cal
2 csopa de molho mapo	16 cal
2 csopa de molho de soja	50 cal
por pessoa (5)	228 cal

Ponha o *vermicelli* de molho (por ±15 minutos).

Corte o *tofu* aos cubinhos e deixe escorrer a água.

Lave e corte o alho francês às rodelas finas.

Aqueça bem primeiro o *wok* e junte o óleo sem o queimar.

Aloure o alho e o alho francês.

Junte o molho de *mapo* e frite um pouco.

Junte a carne e salteie por 2 minutos.

Deite uma chávena de água e deixe levantar fervura.

Junte o *vermicelli*, escorrido e cortado, e o *tofu*.

Misture com cuidado para não desfazer muito o *tofu*.

Deixe cozer por ± 3 minutos, acrescente água se for necessário.

Tempere com o molho de soja e pimenta a gosto.

Junte no fim 1 colher de chá de maizena diluída em ¼ de chávena de água para ligar os ingredientes.

* Se usar camarões, só junte um pouco, antes de temperar.

COMENTÁRIO: um prato clássico de Sichuan (no sudoeste da China), muito saboroso e fácil de fazer. A pequena porção de carne de porco dá sabor, mas não enriquece demasiadamente esta receita. Numa versão deste prato, usada para tratar irregularidades menstruais, o porco é substituído por borrego e muito gengibre.

TOFU COM TOMATE E PINHÕES

PARA 4 A 5 PESSOAS

1 cubo de *tofu* (± 400g)

3 tomates maduros (ou de lata)

2 csopa de pinhões previamente torrados

3 csopa de óleo ou azeite

3 csopa de molho de soja

1 dente de alho esmagado

½ cchá de gengibre picadinho

umas gotas de aguardente

pimenta

CALORIAS

400g *tofu* ···································· 292 cal

3 tomates ····································· 135 cal

2 csopa de pinhões ···················· 102 cal

3 csopa de óleo ·························· 360 cal

1 dente de alho ····························· 4 cal

3 csopa de molho de soja ··········· 24 cal

por pessoa (4) ··························· 229 cal

Corte o *tofu* aos cubinhos.

Lave e corte os tomates aos pedacinhos.

Aqueça bem o wok.

Meta as 3 colheres de óleo e deixe aquecer bem.

Aloure o alho.

Junte o gengibre, os tomates e a aguardente.

Salteie até amolecer (± 3 minutos).

Se for necessário, junte um pouco de água para fazer mais molho.

Junte o *tofu* e deixe cozer no molho por cerca de 3 minutos.

Tempere com o molho de soja e pimenta.

Mexa com cuidado para não desfazer demasiado o *tofu*.

Pode-se adicionar 1 colher de chá de maizena diluída em ¼ de chávena com água para obter um molho mais grosso.

Espalhe os pinhões por cima quando servir.

* Este prato também ficava muito bem acompanhado com um pouco de miolo de camarão ou caranguejo, a juntar um pouco depois do *tofu*.

COMENTÁRIO: uma excelente receita com poucas calorias e sem colesterol, completa em aminoácidos e rica em cálcio, se usar o *tofu* firme. Está pronta em 5 minutos! Habitue os seus filhos ao *tofu*, é uma questão de lhe associar os sabores que eles gostam e aos quais já estão habituados: tomate, alho, cebola, coentros, cebolinho, etc. Óptimo para as pessoas de mais idade!

TOFU COM ALHO FRANCÊS E MÍSCAROS

PARA 4 PESSOAS

1 cubo de *tofu* (± 400g)

150g de míscaros

1 caule de alho francês

1 dente de alho picado

3 csopa de óleo

3 csopa de molho de soja

(ou de molho de soja + molho de ostra)

umas gotas de aguardente

pimenta

piripiri (opcional)

CALORIAS

400g de *tofu*	292 cal
150g de míscaros	75 cal
1 alho francês	60 cal
1 dente de alho	4 cal
3 csopa de molho de soja	32 cal
3 csopa de óleo	360 cal
por pessoa (4)	205 cal

Corte o *tofu* aos cubinhos.

Lave o alho francês e corte às rodelas finas

Lave os míscaros e rasgue às tirinhas.

Esprema bem para tirar o excesso de água.

Aqueça o *wok*.

Meta o óleo e deixe aquecer.

Aloure o alho picado e o alho francês.

Junte o *tofu*, os míscaros e a aguardente logo a seguir.

Mexa com cuidado para não desfazer demasiado o *tofu*.

Tempere com o molho de soja e pimenta, mais piripiri para quem gosta.

Pode adicionar 1 colher de chá de maizena diluída em ¼ de chávena com água para obter um molho mais grosso.

COMENTÁRIO: em geral os cogumelos contêm muito poucos hidratos de carbono, mas são ricos em proteína e fibra, em potássio e riboflavina e têm ainda a fama de ter várias virtudes medicinais. Ao contrário de outros cogumelos, os míscaros crescem nos bosques ou em restos orgânicos, não fermentados, por isso estão normalmente bastante limpos.

OVOS COM FEIJÃO VERDE

PARA 4 PESSOAS

200g de feijão verde

4 ovos

1 cchá de gengibre picadinho

2 csopa de leite de soja

2 csopa de óleo (ou de azeite)

1 csopa de molho de soja

pimenta a gosto

CALORIAS

200g de feijão verde ···················· 48 cal

4 ovos ·· 320 cal

2 csopa de leite de soja ················ 8 cal

2 csopa de óleo ··························· 240 cal

1 csopa de molho de soja ·············· 8 cal

por pessoa (4) ···························· 156 cal

Arranje e corte o feijão muito fininho.

Bata os ovos com o leite, molho de soja e pimenta a gosto.

Aqueça bem o *wok*, meta o óleo e deixe aquecer.

Passe o gengibre rapidamente e junte logo o feijão.

Salteie por 3 a 4 minutos e tempere com um pouco de sal no fim.

Junte os ovos, misturando com o feijão.

Frite até obter a textura desejada, bem ou mal passada.

COMENTÁRIO: os ovos são uma boa fonte de vitamina B12, ácido fólico, vitaminas A e D. Em vez do feijão verde pode improvisar com outros vegetais, fica sempre delicioso. Cuidado com ovos mal cozinhados, podem causar infecções por Salmonellas.

OVOS A VAPOR COM VERMICELLI FANSI

PARA 4 PESSOAS

3 ovos

1 csopa de camarões secos

30g de *vermicelli fansi* (de molho 15 min.)

água ou leite de soja em quantidade

ligeiramente superior à dos ovos batidos)

1 cchá de cebolinhas verdes picadas

(senão, salsas ou coentros)

2 csopa de óleo

2 csopa de molho de soja

umas gotas de óleo de sésamo

CALORIAS

3 ovos ································· 240 cal

1 csopa de camarão seco ··········· 50 cal

30g de *vermicelli* ····················· 90 cal

1 csopa de óleo ···················· 240 cal

2 csopa de molho de soja ··········· 16 cal

por pessoa (4) ···················· 159 cal

Escorra a água do *vermicelli* e corte aos pedacinhos com uma tesoura.

Bata os ovos com 1 colher de chá de óleo e uma pitada de sal. Unte, com outra colher de chá de óleo, um recipiente pouco fundo que possa ir ao vapor.

Meta os ovos no recipiente.

Misture bem com a água (ou leite de soja), os camarões e o *vermicelli*.

Coza a vapor em lume médio, durante 2 a 3 minutos (quanto mais altura tiver a mistura, mais tempo leva para cozer).

Junte as cebolinhas.

Aqueça 1¼ de colher de sopa de óleo e deite em cima.

Acrescente o molho de soja e o óleo de sésamo e pimenta a gosto.

* Deve ter a consistência de pudim. Se ficar com bolhas na superfície, quer dizer que levou tempo a mais; se ficar líquido no meio, significa que ainda não está cozido, ou que levou água a mais. O ideal é desligar um pouco antes do tempo e manter tapado por mais um minuto para acabar bem a cozedura.

COMENTÁRIO: este prato, de preparação fácil e rápida, é apreciado tanto por adultos como crianças. Uma alternativa é tirar 1 gema e juntar 100g de *tofu* desfeito com os ovos, neste caso diminui a quantidade de água por ½. Também se pode utilizar leite de soja em vez de água. Os camarões secos têm um sabor muito especial. Se estranhar junte apenas coentros picados.

TOFU E OVOS · 103

OVOS COM REBENTOS DE SOJA E ALGA WAKAME

PARA 4 PESSOAS

4 ovos

100g de rebentos de soja

1 csopa de *wakame* seco

1 cchá de gengibre picadinho

2 csopa de óleo (ou de azeite)

1 csopa de molho de soja

pimenta a gosto

CALORIAS

100g de rebentos de soja	30 cal
4 ovos	320 cal
2 csopa de óleo	240 cal
1 csopa de molho de soja	16 cal
1 csopa de *wakame*	10 cal
por pessoa (4)	164 cal

Deixe a *wakame* em água morna.

Retire-a quando ficar aberta, é quase instantâneo.

Bata os ovos com o molho de soja e pimenta a gosto.

Junte a *wakame* já arrefecida.

Aqueça bem o *wok*, meta o óleo e deixe aquecer.

Passe o gengibre rapidamente e junte logo os rebentos de soja.

Salteie por ± 3 minutos e tempere com um pouco de sal no fim.

Junte os ovos, misturando com os rebentos.

Frite até obter a textura desejada, bem ou mal passada.

COMENTÁRIO: as qualidades nutritivas das algas variam com a espécie. A alga *wakame* é muito apreciada pelos Japoneses pela sua textura e delicado sabor. Assim como a alga *kombu*, esta alga amolece a fibra dos alimentos com que é cozinhada. É particularmente rica em cálcio. Os rebentos de soja são, como todos os rebentos, muito nutritivos. Depois de os lavar, deve escorrê-los e secar bem para tirar o excesso de água.

MASSAS No Oriente existem variadíssimas massas finas (*noodles* em inglês; em Macau chamava-se-lhes em português "fitas"). Em geral são feitas de farinha de trigo, ovos e água. Mas, na verdade, as massas também podem ser feitas de arroz, feijão, batata doce ou batata. Podem-se saltear, fritar, cozer, servir como sopas, entradas, prato principal, ou mesmo em acepipes e sobremesas. De cozedura rápida, podem ser usados quando estamos com muita pressa.

ARROZ O arroz já é cultivado na China há mais de 6.000 anos e continua a ser um dos cereais mais importantes na alimentação humana. É um cereal de ph neutro, que raramente causa alergias. Na China, o arroz é usado em grão, como massa (de todas as larguras e feitios) e em farinha. Todos sabemos que, quando o nosso intestino está inflamado, o arroz é óptimo. Conhece o "pó de arroz"? É verdade, o arroz até faz bem à pele!

No dia-a-dia, os orientais normalmente usam panelas automáticas para cozinhar arroz. Pode até ser programada para funcionar antes de você chegar a casa. Compram-se já na maioria das lojas chinesas de Lisboa.

O meu sogro respira laboriosamente de pé contra a lareira. Através das minhas lentes plásticas reparo no cieiro das minhas mãos. Ao fundo, ouço os ruídos da Maria Duarte a preparar o jantar. Sinto o calor do lume acolhedor do Sobral do Campo.

A Maria Duarte ensinou-me a fazer pão, ela era a padeira da aldeia. Nunca nos deixa comer pão quente acompanhado de água fria. Morte instantânea! Ela estava lá quando isso aconteceu.

Disse-lhe que estava a escrever um livro de cozinha com a minha amiga chinesa dos cabelos compridos.

"Ah, a menina Mónica. Ah, tão simpática. E também sempre a rir, como é que ela está?"

"Está bem. Ela é uma boa cozinheira, como a Maria Duarte. Cozinha desde os 15 anos! Cozinhava para toda a família. Sabe como é? Experiência."

"A mim já me vem faltando a paciência," diz a Maria Duarte, que já sofre de muita artrose.

"Mas sabe, a Mónica é lá de Macau – como a mulher do Manel cá da aldeia – ela sabe cozinha da China, mas também tem um toque para os nossos sabores...."

"Isso sim. Que a gente possa comer!"

"Ela escreve umas receitas, eu aproveito e digo umas ideias de saúde." É por isso que aqui estou a escrever. Vejamos, mais uma história para o livro.

A Mónica gosta da história do Theodore H. White *em Chungking.*

Quando "Teddy White" estudou História em Harvard, *o seu mentor era* John King Fairbank, *especialista em Assuntos Chineses. Segundo este, para se ter sucesso na vida, era conveniente ir para onde mais ninguém quisesse ir. Foi assim que* Teddy *estudou Mandarim e embarcou nos anos 30 para a China como repórter da* Time Magazine.

Durante a guerra, quando o governo nacionalista de Chiang Kai-shek *estava exilado em* Chungking, Teddy *foi convidado para participar num almoço com* Zhou Enlai, *então representante das forças comunistas. Negociava-se, na altura, uma possível colaboração entre a facção nacionalista e a comunista para ganhar a guerra contra os Japoneses.*

Ora, Teddy *era de origem judaica. Quando surgiu à mesa um porco inteiro, a expressão que lhe surgiu na cara preocupou imenso o encarregado das formalidades.*

"Mas..., mas é que eu não posso comer porco", sussurrou Teddy *ao seu companheiro.*

Do outro lado da mesa, Zhou Enlai, *que se apercebera da situação, disse:*

"Aqui na China, isto não se chama porco, chama-se zhu..."

Teddy, *um favorito nas minhas leituras, não só comeu* zhu *nesse dia, como para o resto dos seus dias.*

MINNIE FREUDENTHAL

ARROZ BRANCO

PARA 4 A 5 PESSOAS

2 cháv de arroz

(experimente o arroz tailandês perfumado)

CALORIAS

50g de arroz branco ·················· 192 cal

50g de arroz integral ·················· 179 cal

Lave o arroz no tacho.

Junte igual quantidade de água ao arroz escorrido ou meça com o dedo a profundidade do arroz e junte igual altura de água acima do nível do arroz.

Tape e ponha ao lume.

Quando levantar fervura, baixe o lume para muito brando.

Coza durante 15 minutos e deixe descansar mais 5 min.

* Quando cozer o arroz pode juntar na água:

1 pau de canela e a casca de meia laranja ou de limão,

alguns cogumelos *shitake* re-hidratados, cortados em tirinhas,

2 colheres de chá de alga *hiziki* (ou *hijiki*) seca,

1 colher de sopa de camarões secos,

1 colher de chá de pó de chá verde

ou substituir metade da água por leite de coco.

Assim varia o gosto e o arroz torna-se surpreendentemente paladoso.

MASSA DE ARROZ À SINGAPURA

PARA 4 PESSOAS

½ pacote de massa de arroz (200g)

250g de rebentos de soja

1 caule de alho francês

1 a 2 cebolas

1 cenoura ralada

150g de miolo de camarão (ou carne em

tirinhas finas e marinadas com:

1 csopa de molho de soja

umas gotas de óleo de sésamo)

2 ovos batidos (opcionais)

um dente de alho picadinho

2 csopa de pó de caril

4 csopa de óleo

sal a gosto

CALORIAS

200g de massa de arroz	665 cal
1 alho francês	60 cal
150g de camarão	148 cal
250g rebentos de soja	120 cal
1 cebola média	60 cal
1 cenoura	50 cal
2 ovos (opcional)	140 cal
4 csopa de óleo	480 cal
por pessoa (4) c/ ovos	430 cal

Ponha a massa de molho por 30 minutos.

Corte a cebola às tiras e corte o alho francês às meias rodelas.

Bata os ovos com uma pitada de sal.

Aqueça o *wok*, junte ½ colher de óleo e deite os ovos.

Faça uma espécie de crepe fino.

Retire e corte às tirinhas.

Aqueça o *wok* outra vez e junte ½ colher de óleo.

Salteie ligeiramente os camarões (ou carne) e retire.

Limpe e aqueça bem o wok, junte 3 colheres de óleo e deixe aquecer bem.

Junte os ingredientes, fritando um pouco de cada vez na ordem seguinte:

a cebola até ganhar cor,

a cenoura,

o dente de alho picadinho e o alho francês,

a massa de arroz,

os rebentos de soja.

Com o lume alto, mexa constantemente durante 10 a 15 minutos para não deixar pegar no fundo.

Prove a massa – se achar rija, salpique com água.

Tempere com sal.

Junte de volta os camarões e os ovos.

Junte o pó de caril, misturando muito bem.

* Espalhe coentros e/ou amendoins partidinhos em cima quando servir.

COMENTÁRIO: esta receita pode servir como uma versão da nossa "roupa velha". Pode usar sobras de arroz branco cozido em vez da massa, restos de carne, ervilhas, etc.

ARROZ CHAO CHAO COM GENGIBRE

PARA 4 PESSOAS

4 cháv de arroz cozido frio

1 csopa de gengibre picadinho (mais, para quem gosta)

200g de carne de vaca picada (opcional, substituível por bacalhau ou miolo de camarão)

2 ovos batidos

umas folhas de alface (ervilhas ou ervilhas tortas)

4 csopa de óleo

1 csopa de saké (opcional)

sal e pimenta

CALORIAS

4 cháv de arroz cozido	1056 cal
1 csopa de gengibre	16 cal
200g de carne (opcional)	540 cal
2 ovos	140 cal
4 csopa de óleo	480 cal
por pessoa (4)	558 cal

Aqueça o *wok*.

Junte o óleo e deixe aquecer.

Frite um pouco o gengibre sem deixar queimar.

Se usar carne, junte agora.

Junte o arroz.

Deite logo o *saké*, remexendo (opcional).

Quando o arroz estiver bem frito, junte os ovos misturando bem.

Tempere com sal e pimenta.

Misture a alface cortadinha com o arroz, ou

coma o arroz embrulhado numa folha de alface.

* Convém usar arroz cozido de véspera, de preferência não muito empapado. Se o arroz estiver demasiado seco, mesmo depois de ter juntado o *saké*, salpique-o com água.

COMENTÁRIO: Pode fazer arroz *chao chao* com os ingredientes que quiser. Por exemplo, cenoura, alho francês e ovos dão uma cor linda. Fritam-se os ingredientes crus antes de juntar o arroz, sobretudo quando são carnes ou camarões. O arroz *chao chao* é uma versão oriental da nossa "roupa velha" – use os restos de arroz que tenha sobrado no frigorífico... adicione uns legumes coloridos e já está!

PAPAS DE ARROZ – CONGEE

1 cháv de arroz cru para 3 cháv de água ou 1 cháv de arroz cozido para 2 cháv de água
(proporção variável conforme a consistência desejada)
sal a gosto

VARIAÇÕES SABOROSAS SOBRE A RECEITA BÁSICA COM INGREDIENTES EXTRA À ESCOLHA:
folhas de soja secas (a juntar ao mesmo tempo que o arroz),
grãos de milho e ovo,
chá verde em pó, *wakame* e sementes de sésamo,
um pouco de carne picada ou frango às tirinhas e alface,
fatias finas de peixe e coentros,
miolo de camarão, vieiras ou caranguejo com cebolinho cortado fino, etc.

Ponha o arroz a ferver na água.
Fervilhe em baixo lume, meio tapado, até ficar uma papa (± 40 minutos).
Junte os ingredientes de variação para os cozinhar.
Se usar carne ou frango, marine com um pouco de molho de soja, óleo de sésamo e maizena.

* Se puser o arroz de molho com antecedência poupa no tempo de cozedura.
É uma óptima maneira de reciclar restos de arroz.

COMENTÁRIO: podem fazer-se papas (*congee* em inglês) com arroz ou com qualquer outro cereal, tal como milho painço, sorgo, cevada ou trigo. As papas são consumidas, sobretudo, ao pequeno almoço e à ceia. Na sabedoria popular chinesa, as papas de arroz branco simples são excelentes para limpar o sistema digestivo. Podem fazer-se versões gulosas juntando as mais variadas tentações, desde nozes, avelãs, frutas secas, um pouco de açúcar amarelo; ou escolher pelo salgado e juntar cogumelos, sésamo, gengibre, etc.

As papas de arroz guardam-se muito bem no frigorífico de um dia para o outro. No dia seguinte, basta aquecê-las até levantarem fervura. Tal como quase todas as sopas, até ficam melhores que no dia anterior. Assim, para quem está sozinho e sem tempo; sobretudo quando se anda cansado ou adoentado, uma malga de papas de arroz com algum gosto extra, é uma solução magnífica para acalmar a fome e dispor para um bom sono recuperador.

MASSA COM 2 MOLHOS DE SOJA

PARA 4 PESSOAS

400g de massa de ovo
(ver Glossário/Massas)
1½ csopa de molho de soja *dark*
(ou *mushroom*, ver Glossário)
1½ csopa de molho de soja *light*
2 csopa de óleo
1 cchá de óleo de sésamo
1 dente de alho
1 folha de nori cortada em tirinhas
(opcional)
1 cchá de sementes de sésamo previamente
torradas

CALORIAS

400g de massa ·························· 1368 cal
3 csopa de molho de soja ············· 24 cal
2 csopa de óleo ·························· 240 cal
1 cchá de óleo de sésamo ············· 40 cal
1 cchá de sementes de sésamo ····· 16 cal
por pessoa (4) ·························· 422 cal

Coza a massa com ½ colher de sopa de óleo, cerca de 3 a 4 minutos.

Teste a textura antes de escorrer.

Coloque a massa num recipiente.

Aqueça 1½ colheres do óleo restante numa frigideira com um dente de alho.

Deite o alho fora e junte o óleo à massa.

Tempere com os 2 tipos de molho de soja e o óleo de sésamo.

Espalhe as sementes de sésamo (e a *nori*) em cima.

* Pode cozer a massa juntamente com brócolos ou cogumelos, neste caso aumenta os ingredientes de tempero. Também se pode espalhar folhas de canónigos crus em cima no fim.

COMENTÁRIO: um almoço rápido em casa é frequentemente resolvido com uma tigela de "fita" (noodles) e uma salada de tomate. Pode usar piripiri se gosta de picante. A rapidez de cozedura é ideal nas pressas. A alga *nori* é particularmente rica em ferro e potássio. Alguns dermatologistas pensam que o alto teor em iodo das algas pode agravar o acne.

MASSA COM MOLHO DE SÉSAMO, TOFU E CANÓNIGOS

PARA 4 PESSOAS

400g massa de óleo (ver Glossário/Massas)
4 fatias de *tofu* meio seco ou fumado,
cortadas em tirinhas (ou alga *hiziki*, a
cozer junto com a massa)
40g de canónigos (senão alface ou pepino
cortado em tirinhas)
1 cchá de sementes de sésamo previamente
 torradas
½ colher de óleo

MOLHO

1 csopa de pasta de sésamo ou *tahini*
(ver Glossário, substituível por manteiga
de amendoim)
2 csopa de óleo
2 csopa de molho de soja
piripiri a gosto

CALORIAS

400g de massa	1368 cal
4 fatias de *tofu* meio seco	70 cal
1 csopa de *tahini*	85 cal
2 csopa de molho de soja	16 cal
2 csopa de óleo	240 cal
1 cchá de sementes de sésamo	16 cal
40g de canónigos	30 cal
por pessoa (4)	456 cal

PARA FAZER O MOLHO:

Frite a pasta de sésamo no óleo sem a queimar.

Quando estiver ligeiramente dourada, desligue o lume.

Deixe arrefecer um pouco antes de juntar o molho de soja.

Guarde para usar mais tarde.

Coza a massa com ½ colher de óleo por 3 a 4 minutos.

Teste a textura antes de escorrer.

Junte à massa o molho e o *tofu*.

Misture com cuidado para não desfazer este último.

Antes de servir, espalhe os canónigos e as sementes de sésamo em cima.

Come-se quente ou fria.

* Convém sempre juntar o legume em último lugar, senão o sal vai-lhe puxar a água para fora e o prato fica aguado.

COMENTÁRIO: Pode-se fazer uma espécie de salada de massa mais rica, acrescentando outros ingredientes, tais como salmão fumado, fiambre ou ovos. Um "ovo de 100 anos" fica muito bem neste prato.

MASSA "2 LADOS AMARELOS"

PARA 3 A 4 PESSOAS

300g de massa de longevidade
(ver Glossário)
1½ csopa de óleo
½ cháv de alho francês em rodelas finas
(opcional)
1 dente de alho
vinagre vermelho de arroz de Zhejiang
(ver Glossário), ou vinagre balsâmico
1 csopa de açúcar

CALORIAS

300g de massa ·······················1125 cal
2 csopa de óleo ························ 180 cal
1 csopa de açúcar ····················· 60 cal
½ cháv de alho francês ·············· 20 cal
por pessoa (4) ·························· 346 cal

Coza a massa (sem sal, durante ± 4 minutos.

Teste a textura antes de escorrer.

Aqueça ¾ colher de óleo numa frigideira anti-aderente.

Aloure o dente de alho e deite fora.

Se usar alho francês, junte metade agora, bem distribuído na frigideira.

Espalhe a massa em cima, numa camada ± uniforme.

Torre lentamente em lume baixo por ± 5 minutos para formar uma crosta dourada em baixo.

(Distribua o resto do alho francês no lado não torrado.)

Vire a massa, acrescente outros ¾ de colher de óleo e torre da mesma maneira.

Serve-se já cortada em partes (para este efeito, não há nada melhor do que uma tesoura).

Come-se com vinagre de arroz e salpicos de açúcar, a gosto.

COMENTÁRIO: as massas são muito calóricas e, por isso, se está em regime de perda de peso, deve acompanhar as massas com pratos de vegetais. São excelentes refeições ligeiras, ou mesmo acepipes entre refeições.

LEGUMES Os sábios taoistas aconselhavam que se comessem os diferentes vegetais frescos de acordo com as estações. Muitos vegetais, para além de fazerem parte da nossa alimentação diária, têm efeitos medicinais. Por exemplo, a couve cozinhada com mel, é utilizada pelos médicos chineses para tratar a dor de úlceras.

LÓTUS-BOA

A Ana gosta de contar a vida dela e emociona-se de cada vez que o faz. Não é sistemática; interrompe-se sempre que chegam clientes. Negócio primeiro, claro! Mas não foi mesmo graças a este balcão de legumes que ela conseguiu criar os 3 filhos, hoje todos licenciados?

É fácil identificá-la no 1º andar do mercado da Ribeira: é chinesa. Para os chineses, a Ana é a Tia Lótus. Os pais chamaram-lhe Lótus-Boa mas, com o tempo, ela deixou cair o "Boa", porque diz que a vida a tratou mal. Os nomes chineses, ao contrário dos nomes portugueses, que são relativamente limitados em número e origem, são combinações criativas de caracteres, construídos tomando em conta a originalidade, o som e o significado. Este último, muitas vezes, é um voto dedicado à criança. No caso da Ana, acho que ela já se pode reconciliar com o seu nome, porque afinal de contas saiu-se bem na vida. O mal do passado, uma vez ultrapassado, transforma-se numa fonte inesgotável de conforto. Sabe a triunfo!

A Tia Lótus nasceu na China, perto de Macau. Perdeu os pais muito cedo. Como tanta outra gente da altura, deixou a terra natal para tentar a sorte nos anos 30 (década difícil para a China, em que a guerra civil foi pontuada pela invasão japonesa). Foi para Macau e viveu lá 6 anos.

"Só ficaram estas bananas?", diz o cliente que acaba de chegar.

"Sim, amigo, mas faço-lhe um bom preço." ...

Depois foi para Hong Kong, onde viveu durante a II Guerra Mundial (os horríveis "3 anos e 8 meses" da Ocupação Japonesa). Trabalhava como mulher de limpezas num hospital. Nessa época, escapou ainda a mais uma catástrofe: um gigantesco incêndio que arrasou 6 aldeias em 1953, deixando 60.000 pessoas sem abrigo. Depois foi para Moçambique. Porquê? Porque ouviu dizer que a vida lá era mais fácil. Foi aí que encontrou o marido.

"800 escudos, se faz favor", diz ela entregando ao cliente as bananas num saco.

Tinham uma horta e até um restaurate chinês. Mas, mais uma vez, o voto inscrito no nome dela falhou. Veio o 25 de Abril e logo a seguir a Independência de Moçambique. Contrariamente ao que tinham esperado, correu tudo mal. Viram-se obrigados a fugir às escondidas. Na própria manhã do dia em que saíram, ainda tiveram que abrir o restaurante, para que tudo parecesse normal e não se levantassem suspeitas.

Pegaram nos filhos, dirigiram-se discretamente ao aeroporto e lá abandonaram o carro no estacionamento. Vieram para Portugal. Começaram outra horta e compraram este balcão. A competição entre os vendedores é feroz e, às vezes, leva a conflitos que podem até parecer folclóricos para quem olha de fora, mas para quem os vive diariamente... Só que, as ofensas ordinárias, a Ana prefere fingir que não as percebe. Na verdade, fala um português admirável para quem não tem qualquer escolaridade. Sabe também conduzir mas, como é analfabeta, não pode tirar carta.

O balcão da Ana transporta a história da vida dela como um retrato. Não é maior do que os dos outros, mas tem produtos extremamente diversificados, dos países por onde ela passou. Um chinês vai lá comprar rebentos de bambu, molho de soja e massa. Um africano vai lá comprar bananas de pau, quiabos ou o peixe salgado que ela própria confecciona. Estão lá todos os ingredientes para fazer calulú. *Encontram-se também todas as hortaliças habituais dos portugueses. Mas a maior parte dos clientes de Ana não são portugueses.*

Ela percebeu já há muito que a única maneira de sobreviver ali é oferecer coisas que os outros não têm. É a força e a fragilidade dela. E, se calhar, não só dela mas de todos os que vivem longe da sua terra natal...

MÓNICA CHAN

AGRIÕES CHAO CHAO

PARA 4 PESSOAS

2 molhos de agrião bem lavados

1 cchá de gengibre picado

1 dente de alho picado

3 csopa de óleo

2 csopa de molho de soja

umas gotas de aguardente

piripiri a gosto

2 cubos de *tofu* fermentado (opcional)

CALORIAS

2 molhos de agriões ··················· 100 cal

1 dente de alho ························· 4 cal

3 csopa de óleo ······················· 360 cal

2 csopa de molho de soja ············· 16 cal

2 cubos de *tofu* fermentado ·············· 40 cal

por pessoa (4) ·························· 121 cal

Lave bem os agriões sem desperdiçar os talos.

Escorra bem.

Aqueça primeiro o *wok*, junte o óleo e deixe aquecer bem.

Junte o gengibre, o alho e o *tofu* fermentado (opcional).

Mal o alho mude de cor, junte os agriões.

Junte logo a aguardente.

Vire e corte os agriões aos bocados com uma tesoura.

Salteie durante ± 4 minutos.

No fim, mesmo antes de tirar do lume, tempere com sal ou molho de soja, mexendo sempre.

* Atenção: se usar o *tofu* fermentado, a quantidade do molho de soja tem de ser diminuída por metade.

COMENTÁRIO: Fáceis e saborosos quando cozinhados no *wok*, os agriões são muito ricos em vitamina A. Recomenda-se que use o mínimo de gordura possível. Em vez de sal ou do *tofu* fermentado, fica delicioso só com um pouco de molho de soja no fim. Lembre-se, os agriões reduzem imenso em volume quando cozinhados.

ABÓBORA NO WOK

PARA 4 PESSOAS

600g de abóbora (pode ser misturada com abóbora branca)

½ cchá de gengibre cortadinho

1 dente de alho

2 csopa de óleo

2 csopa de molho de soja

1 cchá de molho de camarão (opcional mas, caso use, corte a quantidade de molho de soja por metade)

pimenta e piripiri

1 punhado de coentros ou de hortelã

CALORIAS

600g de abóbora	80 cal
2 csopa de óleo	240 cal
1 dente de alho	4 cal
2 csopa de molho de soja	16 cal
1 cchá de molho de camarão (opcional)	15 cal
1 cchá de aguardente	10 cal
por pessoa (4)	93 cal

Lave e corte a abóbora aos pedaços de ± 2 x 2 x 2cm.

Aqueça bem o *wok*, junte o óleo e deixe aquecer em lume forte. Junte o dente de alho e deixe ganhar cor.

Adicione o gengibre e, caso queira, o molho de camarão.

Junte a abóbora imediatamente.

Baixe o lume e frite a abóbora até ficar caramelizada (10 a 15 minutos).

Tempere com o molho de soja, pimenta e piripiri.

Desligue o lume e espalhe os coentros (ou hortelã) picados por cima.

COMENTÁRIO: a abóbora tem metade das calorias da cenoura e ainda é muito rica em vitamina A. A pasta de camarão, muito utilizada na cozinha tailandesa, tem um sabor muito forte e exótico. Comece por usar pequenas quantidades para se habituar ao sabor. Estes condimentos dão variedade e exotismo à sua culinária. Tente cortar no óleo tanto quanto possível, para controlar o valor calórico da receita. De natureza "quente", na medicina tradicional chinesa, a abóbora ajuda o pâncreas a controlar o açúcar do sangue. Também diminui a febre e a dor. Pode fazer um *chao chao* só com gengibre, piripiri, e muito alho francês.

AIPO, CENOURA E CAJU CHAO CHAO

PARA 4 PESSOAS

2 a 3 cenouras

4 caules de aipo (ou 1 funcho)

50g de caju

½ cchá de gengibre picadinho

1 dente de alho

2 csopa de óleo

2 csopa de molho de soja

umas gotas de aguardente

piripiri a gosto

CALORIAS

2 cenouras	70 cal
4 caules de aipo	40 cal
50g de caju	272 cal
1 dente de alho	4 cal
2 csopa de óleo	240 cal
2 csopa de molho de soja	16 cal
por pessoa (4)	160 cal

Tire as fibras ao aipo, com um descascador, ou partindo os caules.
Lave e corte transversalmente aos pedacinhos.
Descasque as cenouras e corte-as aos cubinhos.
Aqueça o *wok*.
Junte o óleo e deixe aquecer.
Aloure o dente de alho esmagado.
Meta primeiro as cenouras, remexendo com o lume alto.
Quando estas estiverem quase prontas, junte o aipo.
Deite logo a aguardente.
Salteie apenas o tempo suficiente para aquecer o aipo (± 2 minutos).
Tempere com molho de soja, pimenta e piripiri para quem gosta.
Junte o caju, misture e sirva logo.

* O tofu meio seco, cortado aos cubinhos, vai muito bem neste prato. Quem goste de cenoura mais cozida, pode cozer os cubinhos primeiro no forno de microondas a alta potência durante cerca de 2 minutos, tapados e salpicados com água. Neste caso, as cenouras e o aipo podem ir ao wok ao mesmo tempo.

COMENTÁRIO: o aipo é de natureza doce e "fria". Tem um efeito calmante e é utilizado como chá para baixar a tensão arterial. A cenoura não só é utilizada em chá para tratar a azia, como parece que ajuda a acalmar a tosse. Este prato é um *chao chao* vegetariano. Se o acompanhar com arroz, fica nutritivamente completo.

BERINGELA JÁ ESTÁ

PARA 4 PESSOAS

2 beringelas de tamanho médio (± 500g)

2 csopa de molho de soja ou de peixe

2 a 3 csopa de óleo ou de azeite

1 colher de sopa de camarões secos ou

de presunto picado

1 dente de alho picado

coentros picados

pimenta a gosto

CALORIAS

2 beringelas	80 cal
2 csopa de molho de soja	16 cal
3 csopa de óleo	360 cal
1 csopa de camarões	50 cal
1 dente de alho	4 cal
por pessoa (4)	128 cal

Lave as beringelas e corte-lhes as cabeças.

Corte 1 vez ao comprido e depois transversalmente às fatias de ± ½cm, mantendo a forma da beringela (para efeito estético e também para poupar espaço).

Coloque dentro dum recipiente que possa ir ao vapor ou ao forno de microondas.

Coza durante 8 minutos.

Se for no forno de microondas, coza TAPADO em potência alta. No fim da cozedura deite fora a água acumulada no fundo. Espalhe o alho, os camarões secos (ou o presunto) e os coentros por cima.

Aqueça à parte o óleo e despeje-o a ferver por cima

Tempere com o molho de soja, ou de peixe, ou simplesmente sal e pimenta.

* A beringela é um legume que pede imenso óleo, com este modo de preparação controla-se bem a quantidade de óleo utilizado. A cor da pele da beringela cozida no forno de microondas fica mais viva do que cozida a vapor.

COMENTÁRIO: É impossível imaginar a comida tailandesa sem o molho de peixe. É feito de peixe ou camarão fermentados. Habitue-se a este sabor exótico, mas fresco e delicioso. A beringela, rica em vitamina A e potássio, fica deliciosa nesta receita fácil e rápida. Como é de natureza ácida, em doença não deve ser abusada.

BRÓCOLOS JÁ ESTÁ

PARA 4 PESSOAS

± 250g de brócolos

2 csopa de molho de soja ou de peixe

2 c sopa de óleo ou de azeite

1 csopa de camarões secos ou de presunto
 picado

pimenta a gosto

CALORIAS

250 g de brócolos	80 cal
2 csopa de óleo	240 cal
2 scopa de molho de soja	16 cal
1 csopa de camarões	50 cal
por pessoa (4)	97 cal

Lave bem os brócolos.

Descasque o caule dos brócolos para ficarem mais tenros.

Corte aos pedaços.

Coloque num recipiente que possa ir ao vapor, ou ao forno de microondas.

Coza durante 4 minutos.

Se for no forno de microondas, salpique com água e coza TAPADO em potência alta.

No fim da cozedura deite fora a água acumulada no fundo.

Espalhe os camarões secos ou o presunto por cima.

Aqueça à parte o óleo e despeje-o a ferver por cima.

Tempere com o molho de soja (ou de peixe).

COMENTÁRIO: os brócolos têm mais vitamina C do que as laranjas e quase tanto cálcio como o leite. São ricos em ácido fólico, potássio e fibra. Para além disso, pensa-se que, tal como a couve-flor, as couves de Bruxelas e outros vegetais da família das couves, contribui para a prevenção do cancro. Mais uma vez, recomendamos que se comam generosamente legumes verdes. Ficam deliciosos com coentros e molho de soja. Na medicina tradicional chinesa são utilizados para arrefecer o corpo no calor do verão e nas inflamações dos olhos. Alguns cozinheiros dizem que, se cozinharem os brócolos até ficarem tenros, não causam gazes.

ERVILHAS TORTAS CHAO CHAO COM ORELHAS DE NUVEM

PARA 4 PESSOAS

200g de ervilhas tortas

½ cháv de fungos "orelhas de nuvem"
(ver Glossário)

1 cebola

½ cchá de gengibre picadinho

2 csopa de molho de soja ou de peixe

2 csopa de óleo

umas gotas de aguardente

pimenta a gosto

CALORIAS

200g de ervilhas tortas	64 cal
½ cháv de fungos	40 cal
2 csopa de molho de soja	16 cal
2 csopa de óleo	240 cal
1 cchá de aguardente	10 cal
1 cebola (100g)	37 cal
por pessoa (4)	102 cal

Tire a raiz (parte dura) aos fungos já demolhados, lave e escorra.

Tire o fio das ervilhas.

Corte a cebola às meias rodelas.

Aqueça bem o wok, junte o óleo e deixe aquecer bem.

Aloure a cebola.

Sempre com o lume alto, junte o gengibre, as ervilhas e os fungos.

Meta logo a aguardente, mexendo.

Salteie em lume forte durante ± 4 min ou até as ervilhas estarem com a textura desejada.

Tempere com o molho de soja e pimenta.

* O *tofu* meio seco, cortado às tiras, vai muito bem neste prato.

COMENTÁRIO: o baixo valor calórico das ervilhas tortas, a sua textura e sabor delicado, são uma óptima razão para se servir generosamente. Atenção com o molho de soja, é bastante salgado. Também ficam deliciosas, mesmo sem fungos, só com gengibre, alho, piripiri e molho de soja, salteadas no *wok*. Os fungos têm sido utilizados na medicina tradicional chinesa para tratar hemorróidas e como tónico para o estômago.

FEIJÕES VERDES CHAO CHAO

PARA 4 PESSOAS

500g de feijão verde

1 csopa de camarões secos (opcional)

½ de cháv de gengibre picadinho

1 dente de alho, picadinho

2 csopa de óleo ou de azeite

2 csopa de molho de soja (ou de peixe)

umas gotas de aguardente

pasta de piripiri ou molho de feijão

picante chinês *Mapo*, a gosto

pimenta a gosto

CALORIAS

500g de feijões verdes ·············· 120 cal

1 csopa de camarões secos ··········· 50 cal

2 csopa de azeite ····················· 240 cal

2 csopa de molho de soja ············· 16 cal

por pessoa (4) ························· 107 cal

Arranje e corte o feijão às tirinhas oblíquas.

Aqueça bem o *wok*, meta o óleo e deixe aquecer.

Aloure o alho e os camarões secos.

Sempre com o lume alto, junte o gengibre e o feijão.

Meta logo a aguardente, mexendo.

Salteie durante ± 5 minutos.

Tempere com o molho de soja e o condimento picante da sua escolha.

COMENTÁRIO: o feijão verde, tão precioso na nossa alimentação, é infelizmente quase sempre servido demasiadamente cozido e sem variações de alguma espécie. As crianças são enormes apreciadoras dos legumes *chao chao*! Experimente em casa. O feijão verde é uma fonte de antioxidante B-caroteno, ácido fólico, vitamina C e fibra. Uma das vantagens do feijão verde de agora é que raramente se tem que tirar o fio. E até cru é bom de petiscar!

COURGETTE COM MILHOS E MÍSCAROS CHAO CHAO

PARA 4 PESSOAS

1 courgette (aboborinha)

200g de míscaros (ou cogumelos)

1 dúzia de rebentos de milho

1 dente de alho picado

½ cchá de gengibre picadinho

2 csopa de molho de soja (pode ser

misturado com molho de ostra).

2 csopa de óleo

umas gotas de aguardente

pimenta

piripiri (opcional)

CALORIAS

1 courgette (aboborinha)	40 cal
200g de míscaros	100 cal
200g de rebentos de milho	45 cal
1 dente de alho	4 cal
2 csopa de molho de soja	16 cal
2 csopa de óleo	240 cal
por pessoa (4)	100 cal

Lave e corte a courgette às meia rodelas.

Corte, ao comprido, os rebentos de milho em duas metades.

Lave os míscaros e rasgue-os às tirinhas.

Esprema para tirar a água em excesso.

Aqueça bem o *wok*.

Junte o óleo e deixe aquecer bem em lume forte.

Junte o alho picado e o gengibre, sem deixar queimar.

Junte a courgette e frite até os dois lados ficarem dourados.

Acrescente os rebentos de milho e os míscaros.

Salpique com aguardente.

Salteie durante ± 5 minutos.

Tempere com o molho de soja, pimenta e piripiri a gosto.

COMENTÁRIO: se souber que, para gastar 180 calorias, tem de subir a bom ritmo mais de 200 andares, percebe que um balanço calórico positivo não é difícil de atingir com uma vida sedentária e uma alimentação rica em calorias. Coma muitos vegetais às suas refeições principais. Não mate a fome com proteínas animais. Ou então... faça mesmo muito desporto.

COUVE COM COGUMELOS CHINESES E VERMICELLI FANSI

PARA 4 PESSOAS

meia couve lombarda

1 dúzia de cogumelos chineses (de molho por 30 min.)

100g de *vermicelli fansi* (de molho por 15 min.)

1 csopa de camarões secos (opcional)

½ cchá de gengibre picadinho

1 dente de alho

3 csopa de óleo

3 csopa de molho de soja ou de peixe

umas gotas de aguardente

pimenta a gosto

CALORIAS

100g de *vermicelli*	297 cal
200g de couve	26 cal
12 cogumelos chineses	40 cal
1 csopa de camarões secos (opcional)	50 cal
3 csopa de óleo	360 cal
3 csopa de molho de soja	24 cal
por pessoa (4)	199 cal

Corte a couve lavada às tirinhas pequenas.

Tire os pés aos cogumelos e corte-os às tirinhas.

Escorra o *vermicelli* e dê uns cortes com a tesoura.

Aqueça bem o *wok*, meta o óleo e deixe aquecer.

Aloure o alho.

Sempre com o lume alto, adicione o gengibre e os cogumelos.

Quando mudarem de cor, junte a couve.

Meta logo a aguardente, mexendo.

Quando a couve estiver quase pronta (± 4 minutos), junte o *vermicelli*.

Tempere com o molho de soja e pimenta.

Salteie durante mais 1 minuto.

COMENTÁRIO: pode utilizar quase todo o tipo de couve para esta receita mas a couve chinesa é muito conhecida pelo paladar agradável. Mesmo cozinhada é rica em vitamina C, ácido fólico, potássio e alguma vitamina A. Pelo seu alto conteúdo de água, é refrescante e croquante. Também é menos fibrosa que as outras couves.

SOBREMESAS O açúcar em moderação não é mau para a saúde. Na medicina tradicional chinesa, pensa-se que a maior parte dos açúcares têm um efeito benéfico sobre o corpo, sobretudo sobre os pulmões. O mel é utilizado para aliviar dores e tratar efeitos tóxicos. No fim da refeição, é frequente servirem-se sopas doces para ajudar a digestão. Bolos e pastelaria são comidos entre as refeições, como acepipes. O chá, verde ou preto, que pode acompanhar a pastelaria, é actualmente considerado um potente anticancerígeno. No entanto, a doçaria oriental não tem ovos e a quantidade de açúcar é mais moderada do que a nossa. Infelizmente, o abuso do açúcar simples na sociedade moderna é uma grande fonte de desequilíbrios do nosso organismo.

QUE RECOMENDA?

Vivia em Macau há uns meses. Tinha ido a Cantão em serviço e tinha odiado os guias e os hotéis caros – espécimes horríveis de prisões douradas. Decidi ir sozinho para a China. Só que parecia que, logo naquela semana, todo o mundo tinha tido a mesma ideia: para Pequim não havia lugar; para Xangai, nem pensar; para Xian, era fora de questão; para Hangzhou, não havia voo. Acabei por me decidir por Nanquim, apesar de saber que a cidade tinha sido totalmente arrasada pelas tropas japonesas durante a Guerra do Pacífico e que a reconstrução posterior pouco a recomendava. Mas o que eu queria, era ver com os meus próprios olhos como viviam os chineses. Por isso me decidi a ir, e não me arrependi da escolha.

Primeiro tive de ultrapassar os problemas do costume: não, não precisava de ir a todo o lado de táxi com vidros pretos e rendas nos assentos; não, não queria um guia que me acompanhasse vinte e quatro horas; não, não precisava de ir com um grupo de alemães ver os locais turísticos; não, não queria comer comida ocidental; e não, não queria comprar bricabraques orientalizantes de mau gosto. Já ter conseguido sair do hotel naquela primeira manhã foi um milagre! Depois, tive que ultrapassar a barreira da negação do óbvio: como é que é possível que a agência de turismo do governo me assegurasse que em Nanquim, cidade de bicicletas, não havia bicicletas para alugar? Ao fim de duas horas de teimosia lá consegui que confessassem a mentira. Bastava atravessar a rua e procurar uma loja do outro lado da avenida!

Armado de uma bicicleta, um mapa da cidade em chinês e um mapa em inglês, meti-me à estrada. Eram dias claros e frios de outono e as pessoas foram sempre muito simpáticas. Nesse dia e nos seguintes, andei por toda a parte e, quando me perdia, parava um transeunte, apontava para o chão e mostrava o mapa em chinês. Depois comparava o sítio indicado com o mapa em inglês e, pronto, encontrava a minha direcção.

Chegada a hora do jantar, entrei num restaurante onde o livro dizia que se comia um pato delicioso – mas era mentira! Assim, no almoço do dia seguinte, perdido no meio de um dos subúrbios da cidade, a caminho do túmulo do primeiro imperador Ming, decidi fazer como ele teria feito, porque era um homem do povo, e comer no primeiro sítio que me aparecesse. Entrei numa loja onde vi gente sentada em bancos em mesas corridas. Sentei-me e logo apareceu uma rapariga que me falava apressadamente com um ar de desespero. Como agir? Procurando no guia, encontrei a frase "que recomenda?" traduzida em chinês. Voltei a chamá-la, sorri-lhe o máximo possível e apontei para a frase. Ela leu-a, pronunciou-a alto e todo o restaurante se partiu a rir. Depois de umas longas explicações, às quais eu acedi enfaticamente, trouxe-me três pratos: umas lulas picantes com vegetais; um porco com batata doce e um peixe a vapor. Inesquecível! No fim, pegou na minha carteira, tirou o dinheiro necessário e devolveu-me o troco. Fui tratado como um rei. Todo o resto da viagem usei este truque e comi sempre maravilhosamente.

JOÃO DE PINA CABRAL

ABÓBORA COM LEITE DE COCO

PARA 4 PESSOAS

400g de abóbora

uma noz de gengibre

100g de açúcar de cana (ou frutose, ½ da
 quantidade)

1 cháv de água (240ml)

200ml de leite de coco

CALORIAS

400g de abóbora	120 cal
100g de açúcar	380 cal
200 ml de leite de coco	370 cal
por pessoa (4)	217 cal

Corte a abóbora aos pequenos cubos.

Aqueça a água com a abóbora, o gengibre e o açúcar.

Deixe cozer tapado durante 10 minutos, em lume médio-baixo.

Junte o leite de coco e deixe cozer durante mais 10 minutos.

Quem preferir pode reduzir a puré, usando a varinha mágica.

Serve-se quente ou frio.

COMENTÁRIO: por ser naturalmente doce, a abóbora fica deliciosa para sobremesas. Estas sobremesas em forma de sopa são conhecidas no Oriente por serem digestivas! Guarde estes petiscos para acepipes entre refeições

ARROZ GLUTINOSO PRETO AO LEITE DE COCO

PARA 4 PESSOAS
1 cháv de arroz preto glutinoso
6 cháv de água
½ cháv de açúcar ou ¼ de chávena de frutose
100ml de leite de coco

COBERTURA
100ml de leite de coco
1 cchá de açúcar
1 pitada de sal

CALORIAS
2 cháv de arroz cozido ·············· 436 cal
½ cháv de açúcar ······················· 360 cal
100 ml de leite de coco ············· 175 cal
por pessoa (4) ···························· 242 cal

Ponha a água a ferver numa panela com o arroz lavado.

Reduza o lume e coza até o arroz estar mole (± 30 minutos), mexendo de vez em quando.

Junte o açúcar e o leite de coco e deixe fervilhar durante mais 15 min.

Misture à parte os ingredientes da cobertura.

Deite uma pequena quantidade desta sobre cada porção de arroz a servir.

COMENTÁRIO: não se assuste com a cor que, de resto, é linda! É uma sobremesa macia e deliciosa, mais uma vez pode ser usada como acepipe.

ARROZ GLUTINOSO BRANCO COM COCO E BANANA

PARA 4 PESSOAS

1 cháv de arroz glutinoso branco (deixe ficar de molho durante a noite)

100ml de leite de coco

1 banana, esmagada

1 csopa de açúcar ou ¼ de frutose

1 pitada de sal

coco ralado e folhas de hortelã frescas (para enfeitar)

COBERTURA

100ml de leite de coco

1 pitada de sal

CALORIAS

2 cháv de arroz cozido	464 cal
1 banana	120 cal
1 csopa de açúcar	45 cal
100 ml de leite de coco	175 cal
por pessoa (4)	200 cal

Coloque o arroz num recipiente para ir ao vapor.

Coza a vapor, tapado, durante 10 minutos.

Junte o leite de coco, o açúcar e o sal.

Misture e coza mais 5 minutos.

Tire do calor e incorpore a pasta de banana.

Misture à parte os ingredientes da cobertura.

Deite uma pequena quantidade desta sobre cada porção de arroz a servir.

Enfeite com coco ralado e folhas de hortelã.

* Serve-se quente ou morno.

COMENTÁRIO: pode-se substituir a banana por manga. Nesse caso, em vez de esmagar a fruta com o arroz, coloque fatias de manga frescas em cima do arroz para servir, ou regue com polpa de manga e fios de leite de coco em cima.

CHÁ DOCE COM GENGIBRE E FRUTAS SECAS

PARA 6 PESSOAS

1 litro de chá preto (grau de concentração
a gosto)

6 figos secos

6 alperces secos

1 pêra cortada aos cubinhos

uma noz de gengibre esmagada

1 pau de canela

casca de ½ laranja ou limão

açúcar – quantidade contida

CALORIAS

6 figos secos	150 cal
6 alperces secos	72 cal
1 pêra	80 cal
6 cchá de açúcar	72 cal
por pessoa (6)	62 cal

Faça o chá numa panela, metendo as folhas num saco de pano para não se espalharem.

Junte o gengibre, a canela, a casca e as frutas.

Deixe fervilhar 5 minutos e apague o lume.

Deixe descansar uns minutos.

Sirva quente ou frio com as frutas.

Sirva o açúcar individualmente ao gosto – e à saúde – de cada um.

COMENTÁRIO: por vezes um chá com frutos secos é o que chega para acalmar um desses desejos incontroláveis de coisas doces!

CREME DE CASTANHAS COM FIOS DE CHOCOLATE

PARA 4 PESSOAS

300g de castanhas peladas (frescas ou congeladas mas não as secas)

2 csopa de açúcar de cana (ou frutose em metade)

1 estrela de anis (ou 1 cchá de erva doce)

100g de chocolate preto

fios de natas de soja ou leite de coco (opcionais)

folhas de hortelã frescas para enfeitar

CALORIAS

300g de castanhas	396 cal
2 csopa de açúcar	90 cal
100g de chocolate	500 cal
por pessoa (4)	246 cal

Cubra as castanhas com água e ponha a cozer com a estrela de anis.

Quando estiverem moles (± 10 minutos), tire a estrela de anis e reduza a um creme com a varinha mágica.

Acrescente água quente para obter a consistência desejada.

Ajuste o açúcar e desligue o lume.

Derreta o chocolate em ½ chávena de água, no microondas ou banho-maria.

Experimente juntar um pouco de piripiri ao chocolate.

Sirva o creme em doses individuais, quente ou frio.

Regue com fios de chocolate quentes.

Mais fios de natas ou de leite de coco, se a Drª Minnie deixasse!!!

Enfeite com folhas de hortelã.

COMENTÁRIO: a mistura de castanha e chocolate é irresistível. Modere o açúcar para se proteger. As castanhas são consideradas de natureza "quente" pela medicina tradicional chinesa. 40% dos hidratos de carbono das castanhas são amido (um tipo de hidrato de carbono de reserva). Enquanto que o cacau tem 10 a 20% de gordura, o chocolate chega a ter 50%!

BATATA DOCE COM XAROPE DE GENGIBRE E ROSAS

PARA 4 A 5 PESSOAS

600g de batatas doces
uma noz de gengibre esmagada
folhas de hortelã frescas para enfeitar

XAROPE

½ cháv de açúcar de cana ou açúcar normal
½ cháv de água
uma noz de gengibre esmagada
uns botões de rosa secos (ou um ramo
de hortelã)

CALORIAS

600g de batata doce ···················· 522 cal
½ cháv de açúcar ························ 360 cal
por pessoa (4) ························· 221 cal

Descasque e corte as batatas doces aos pedaços.

Cubra com água e coza com o gengibre até ficarem moles (± 15 minutos).

Tire o gengibre e reduza as batatas a puré.

Meta os ingredientes do xarope num recipiente para ir ao forno de microondas.

Coza a alta potência durante 1 minuto.

Se achar o xarope demasiado líquido, pode repetir a operação com menos duração.

A alternativa é cozer em lume baixo durante 2 a 3 min numa panela muito pequena.

Sirva o puré em doses individuais com o xarope.

Enfeite com folhas de hortelã ou pétalas de rosas.

COMENTÁRIO: O caldo da batata, com uns cubinhos de batata e algum açúcar (de cana), é já de si um doce que se come entre as refeições, ou na hora de ceia. Pode-se fazer a mesma receita com abóboras ou castanhas. Em vez do xarope, também se pode servir com leite de coco misturado com um pouco de açúcar e uma pitada de sal.

SALADA DE LARANJA COM GENGIBRE E VINHO TINTO

PARA 4 PESSOAS

3 laranjas
6 a 8 fatias de gengibre cristalizado,
picadinhas
1 csopa de miolo de amêndoa pelada
em lâminas

MOLHO

½ cháv de vinho tinto
1 csopa de açúcar
uma noz de gengibre
2 cravinhos da Índia
uns grãos de pimenta preta

CALORIAS

3 laranjas ························· 150 cal
100ml de chá vinho tinto ············ 74 cal
6 fatias de gengibre cristalizado ·· 60 cal
1 csopa de miolo de amêndoa ······ 57 cal
1 csopa de açúcar ····················· 46 cal
por pessoa ···························· 96 cal

Ponha os ingredientes de molho a ferver.
Deixe o molho engrossar (±2 minutos).
Descasque e corte as laranjas às rodelas.
Coloque-as num recipiente para servir.
Deite-lhes em cima o molho arrefecido.
Espalhe a amêndoa e o gengibre cristalizado em cima.

* Se quiser ser mesmo rápido, pode fazer uma salada só com o gengibre cristalizado e a amêndoa, salpicada com pó de canela.

COMENTÁRIO: uma maneira fácil e exótica de apresentar a laranja. O gengibre é um ingrediente delicioso para as sobremesas. A laranja é uma das fontes mais baratas de vitamina C. Uma laranja fornece a dose mínima diária recomendada de vitamina C.

SOPA DOCE DE SOJA COM TAPIOCA

PARA 6 PESSOAS

1 litro de leite de soja natural (ou adocicado com maçã)

¼ cháv de tapioca (de molho ± 15 min.)

uma noz de gengibre

1 pau de canela

2 a 3 casulos de cardamomo

½ cháv de açúcar (ou frutose em ½)

CALORIAS

1 litro de leite de soja ·············· 1000 cal

¼ cháv de tapioca ······················ 300 cal

¼ de cháv de açúcar ·················· 360 cal

por pessoa (6) ···························· 277 cal

Ponha o leite de soja a ferver com as especiarias.

Quando levantar fervura junte o açúcar.

Junte a tapioca escorrida quando o açúcar estiver dissolvido.

Deixe fervilhar, em lume baixo, por ± 15 minutos.

Mexa de vez em quando para não deixar pegar ao fundo.

COMENTÁRIO: a tapioca é um ingrediente tradicional da comida brasileira. É extraída da mandioca e rica em amido de reserva. É uma alimento nutritivo e de fácil digestão. Pode ser comido quente ou frio. Delicioso como acepipe!

SOPA DOCE DE AMÊNDOA

PARA 8 PESSOAS

250g de miolo de amêndoa sem pele
(de molho por umas horas)

150g de açúcar de cana (ou ½ frutose)

CALORIAS

250g de amêndoa	1530 cal
150g de açúcar	570 cal
por pessoa (8)	262 cal

Aqueça 1 litro de água com o açúcar.

Bata, no copo misturador, o miolo de amêndoa com 2 chávenas de água até ficar mesmo um sumo.

Junte este sumo à água fervente, mexendo.

Quando voltar a ferver, desligue o lume.

* Serve-se quente ou frio.

COMENTÁRIO: no Oriente, as sobremesas são muitas vezes mais líquidas e menos doces que as nossas e raramente levam ovos. Os hidratos de carbono têm um efeito calmante e após um período inicial de estimulação do apetite têm um efeito prolongado de saciedade. Frequentemente, na China, veem-se cozinhas ambulantes a vender sobremesas entre as horas das refeições. Esta sopa é deliciosa! As amêndoas são ricas em magnésio e cálcio.

SOBREMESAS · 151

SUGESTÕES DE INFUSÕES

Chá de crisântemos secos (ver Glossário)
– bom para dissipar "calor" no corpo que se manifesta, por exemplo, em borbulhas!

Chá de cevada torrada (ver Glossário)
– bebida muito apreciada por chineses, japoneses e coreanos

Chá de gengibre e rodela de limão com mel (uma pitada de sal é essencial)
– óptimo para curar constipações

Chá verde (*gun powder*) com casca de limão
– um óptimo anti-oxidante para ter no frigorífico no verão

Chá verde (*gun powder*) com hortelã
– bebida deliciosa de Marrocos, mas deixe o açúcar de fora!

Chá de príncipe com lúcia-lima
– bebida muito aromática e calmante

PALADARES PACÍFICOS · 153

PALADARES PACÍFICOS – COZINHA EQUILÍBRIO
foi composto em caracteres Melior, de Hermann Zapf
e Frutiger, de Adrian Frutiger. Acabou
de se imprimir em Coimbra no mês
de Novembro de dois mil
e quatro.